i Carys
wrth

N TEIFI

LLYGAID I'R ABER

Dilyn Afon Teifi

O'r Llygaid i'r Aber

W. M. Rogers

Afon Teifi

Argraffiad cyntaf: 2017

Rhif rhyngwladol: 978-1-84527-274-9

Cyhoeddwyd gan deulu'r diweddar W. Morgan Rogers

Argraffwyd gan Wasg Carreg Gwalch
a chyhoeddwyd yn breifat gan deulu'r diweddar Moc Rogers

Cyflwynedig i

Owain ac Angharad

Cyflwyniad

W. M. Rogers
1934–1999

Brodor o Ffair Rhos oedd W. M. Rogers neu Moc i'w gydnabod a'i ffrindiau.

Wedi sawl blwyddyn yn athro Cymraeg yn Ysgol Ramadeg y Bechgyn Pen-y-Bont ar Ogwr, fe'i penodwyd yn 1965 yn gyfieithydd swyddogol cyntaf y Swyddfa Gymreig yng Nghaerdydd. Roedd her ac amrywiaeth y gwaith yn gofyn am feistriolaeth lwyr ar deithi'r ddwy iaith heb ddim ond y *Geiriadur Mawr* a *Rogets Thesaurus* wrth ei benelin.

Ar wahân i'w waith beunyddiol, cyfrannai'n gyson i gylchgronau Urdd Gobaith Cymru yn straeon ac erthyglau ar bob math o bynciau o wyddoniaeth i chwaraeon heb sôn am ei gyfraniadau i'r Cymro a'r Faner a chylchgronau eraill.

Byddai hefyd wrth ei fodd yn darlledu o dro i dro ar y radio a'r teledu – a phan ddeuai galwad i sylwebu ar ornest focsio byddai yn ei seithfed nef!

Er byw yn y ddinas am y rhan fwyaf o'i oes, nid anghofiodd ei ddyled i'w fro enedigol a'r llu o eisteddfodau bach a mawr a'i sbardunai i gystadlu a gloywi'r grefft o drin geiriau a syniadau.

Priodol felly mai ffrwyth ennill y Fedal Lenyddiaeth yng Ngŵyl Fawr Aberteifi 1968 yw'r gyfrol hon.

Portread

Gŵr o gyffiniau Rhos Marchnant rhwng Ffair Rhos ac Ysbyty Ystwyth oedd Moc Rogers, Moc Llwyn-llwyd i ni, bobl ei fro. Gadawodd y gweundir yn ŵr ifanc i weithio yng Nghaerdydd. Ond ni wnaeth y gweundir erioed mo'i adael ef.

Gwerinwr fu Moc erioed, gŵr llawn cyferbyniadau. Yn dawel ei natur, fe wnâi ei ysgrifau greu lliwiau. Nid rhai llachar ond rhai brown a gwyrdd gwelw-lwydaidd. Cezanne oedd Moc, nid Matisse. Yn addfwyn ei natur, ffolai ar wylio a gwrando ar focsio. Yn ysgolhaig, pobl syml fyddai'n ei ddenu.

Un o'r troeon cyntaf i mi erioed weld Moc oedd ar y noson honno yn Neuadd y Felin-fach, ag yntau'n aelod o dîm siarad cyhoeddus Clwb Ffermwyr Ifanc Ystrad Fflur. Fe'i cofiaf ar y llwyfan yn traethu ar ogoniannau marchogaeth motor-beic; y pleser o gael troi ei gap tu-ôl tu-blaen a wynebu'r gwynt. Cododd y to'r noson honno.

Roedd Moc yn llenor. Cymharwyd ef fwy nag unwaith â D. J. Williams. Er hynny, ni chyhoeddodd fawr ddim. Doedd gwobrau'n golygu dim i Moc. O gwblhau ysgrif neu draethawd, bodlonai ar hynny. Bonws fyddai ennill gwobr. Mae gen i syniad mai yn y creu oedd y mwynhad.

Gwên oedd nodwedd amlycaf Moc. Gwên fach a gychwynnai'n araf ond a ymledai'n raddol ar draws ei wyneb. Ac yna'r chwerthiniad bach tawel hwnnw. Prin y gwnâi chi sylweddoli ei fod yn chwerthin o gwbl oni bai am ysgydwadau ei gorff.

Ie, gwyleidd-dra oedd prif nodwedd Moc Rogers. Byddai wrth ei fodd ymhlith eneidiau hoff cytûn. Gallaf ei weld nawr ar gyrion y gyfeillach, yn rhyw dawel-bwyso ar y bwrdd ar un penelin, ei law'n cwpanu ei ên. Yn y llaw arall, cetyn wedi hen oeri. Gwrando. Gwenu. Ac yna taflu ambell abwyd i lif y sgwrs, a'r abwyd hwnnw bob tro'n denu stori arall.

Do, cymharwyd Moc â D. J. Williams. Cymhariaeth gwbl gymwys. Ond mae yna un arall hefyd y gellid cymharu Moc ag ef. Aneurin Jones, yr artist hynaws o Aberteifi yw hwnnw. Gwerinwyr oedd prif destunau lluniau Aneurin. Gwerinwyr oedd prif destunau geiriol Moc.

Gwerinwyr syml a'u harferion a'u creaduriaid. Yn ei luniau roedd Aneirin hefyd yn llenor – fel roedd Moc hefyd yn artist geiriau.

Lyn Ebenezer

Hewl y Llynnoedd

O Lygaid Teifi hyd yr Aber

Ar hewl y llynnoedd, does arna i ddim eisiau ysbienddrych i weld y pell yn agos gan fod pob clogwyn, esgair, crib a phowlen a phant yn gyfarwydd i mi ers llawer dydd.

Fel ar dor fy llaw gwelaf Ystrad Meurig a Swyddffynnon a'r Berth ac ucheldir Penuwch a'r Mynydd Bach yn y cefndir. Mae gormod o grwybyr ar y copaon i mi weld y môr ond fe wn mai rhwng y ddau gnwc acw y gwelir y Bae ar ddiwrnod clir. Dacw Gors Glan Teifi a'r afon yn ymwisgo ar ei thor drwy'r fawnog. Welwn ni ddim trên fyth eto rhwng y Strata a Thregaron. Fe godwyd y rheiliau mewn dim o dro rhag ofn i rywun o bwys newid ei feddwl. Dyma Bontrhydfendigaid a Phen Bannau a'i draed ar yr afon. Y tu cefn i'r banc y mae Ystrad Fflur y Sistersiaid a Phantyfedwen Syr Dafydd James. Fan draw lle mae'r Comisiwn Coedwigo yn plannu eu coed y magwyd Syr Dafydd a wnaeth ffortiwn wrth ddangos lluniau i bobl Llundain, wrth brynu barlys y tynnwyd y nodd ohono yn y bragdy ac wrth brynu a gwerthu siarau yn gall ac yn fentrus yn y Gyfnewidfa. Unwaith yr agorodd ei law y daeth Cymru i wybod amdano. Wrth gwrs ceir digon yn collfarnu'r ffordd y mynnodd wario llawer o'i bres yn y diwedd ar gwpanau ac eisteddfodau mawr, ond fe allai Syr Dafydd fel llawer o rai eraill fod wedi cadw'r cwbl neu eu gwario ar rasys ceffylau o ran hynny.

Ond pwy feddyliai y codai miliwnydd o dir yr ymylon lle bu Saeson a phobl o bant yn tynnu nodd o wythiennau mwyn plwm y gymdogaeth. Mae gwaith Bronberllan ar drothwy'r Abaty a gwaith Cwm Mawr ar lan Nant Mynaches. Fe gaeodd y gweithiau hyn ddechrau'r ganrif, ac ar gau y buon nhw fyth wedyn. Oherwydd methu â chael gwaith arall ymfudodd teuluoedd crwn o'r ardal; aeth rhai i Lundain ac eraill i 'wynfyd pell y Sowth' a does dim ond hylog ar ben hylog las a lefel a thŷ powdwr a 'dingle' a bythynnod gwag i atgoffa dyn o'r blynyddoedd pan oedd mynd ar weithio'r gwythiennau mwyn plwm yng Ngogledd a Chanolbarth Ceredigion.

Mae'n wir na fu bywyd cymdeithasol yr ardal hon mor llewyrchus fyth wedyn ond fe dalwyd yn ddrud i'r mwynglawdd am ei gynhaliaeth fain. Cipiodd ugeiniau o fywydau, oherwydd y gweithio caled, yr amodau sâl a llwch y cerrig a dyllid â tharadr a gordd yn llanw'r ysgyfaint bob yn ewinfedd. Y pryd hwnnw fe ystyrrid mwynwr hanner cant yn hynafgwr a'r un un yw'r stori ar gerrig bedd y fynwent blwyf yn Ystrad Fflur. Carreg a charreg a'r hanes am hwn a hwn wedi marw toc wedi'r deugain.

Y bodau llwyd eu gwedd, a boerai lwch
A charthion o'u hysgyfaint. Gwŷr a'u chwys.
Yn oeri ar eu gruddiau yn y siafft.
Pan fyddai'r llwydrew yn byseddu'r cnawd.
Gwŷr ifainc barfog wedi mynd yn hen
Cyn magu plant na thalu bil y siop.

Fel yna y disgrifiodd y Prifardd W. J. Gruffydd (*Elenydd*) y mwyngloddwyr yn ei bryddest arobryn 'Ffenestri' (Eisteddfod Genedlaethol Pwllheli 1955), ac yng nghwmni'r bardd fe ddychwelwn i hewl y llynnoedd.

Yn y pant odanom y mae'r Fagwyr Wen lle magwyd W. J. Gruffydd, a rhyw ddwy neu dair hyd pryddest i ffwrdd y mae Ty'n Fron, hen gartref y Prifardd Dafydd Jones a gipiodd Goron Aberafan yn 1966, ac ar fron y bryncyn glas gyferbyn â nhw y mae Ffynnon Fawr, cartref y diweddar Evan Jenkins awdur y gyfrol *Cerddi Ffair Rhos*. Yr oedd ar gefn Ffair Rhos nythaid o feirdd ac fe ddaeth y pentref i amlygrwydd yn sgîl campau eisteddfodol y beirdd. Ar un adeg yr oedd hanner dwsin o aelodau Caersalem, ysgoldy'r Bedyddwyr ar ben y rhiw, yn feirdd cadeiriol. Er hynny does yn Ffair Rhos ddim traddodiad hir a chyson o brydyddu fel sydd mewn rhai ardaloedd eraill yng Nghymru. Rhywbeth a dyfodd yn ystod y deugain mlynedd ddiwethaf mwy neu lai yw'r traddodiad hwn. Y diweddar Evan Jenkins oedd y cyntaf ar y maes ac ar ôl iddo ddychwelyd o'r coleg i fyw yn y fro cafodd siawns i ddylanwadu ar fechgyn iau a ymddiddorai fel yntau yn y 'pethe'. Mae ennill cadair eisteddfod yn golygu cymaint i grwtyn yn Ffair Rhos ag yw ennill cap cenedlaethol am chwarae rygbi dros Gymru i grwt yn y Sowth. Dyw hyn, o angenrheidrwydd ddim yn gyfystyr â dweud bod pob bugail a thyddynnwr yn ddiwylliedig yno, ond y mae'n wir iawn fod ganddynt ddiddordeb anarferol yng nghampau eu beirdd lleol. Wrth ymgynnull i drin a thrafod eu 'pethe' bydd un â dileit yn dysgu oddi wrth y llall. Dyna fu'r hanes yn Siop Tomos y Crydd, ac yn hanes beirdd a gwŷr llên ymhobman o ran hynny. Os am sylw ym 'Mhentre'r Beirdd', barddoni ac ennill cadair amdani, ac ni chaiff cicio pêl dros Gymru, ennill ysgoloriaeth neu radd ei ystyried yn gamp debyg i ennill cadair dderw am ysgrifennu pryddest neu dair telyneg.

Fe ddywedodd un o wŷr tafotrydd pentre'r Bont (Pontrhydfendigaid yw pentre'r Bont) mai disgynyddion, h.y. plant anghyfreithlon mynachod Ystrad Fflur yw'r clwstwr beirdd sy'n Ffair Rhos. 'Does neb yn y Bont a all ysgrifennu limerig yn deidi heb sôn am ddim byd arall,' oedd ateb un o wŷr Ffair Rhos. 'Y nhw' a 'ni', ac y mae rhiw Lôn Groes a'r llidiard haearn rhwng y ddwy garfan. Taflai plant Ffair Rhos a phlant y Bont gerrig at ei gilydd ar iard yr ysgol. Disgynyddion Abram a ymsefydlodd ar y bryniau, ond rhai didoriad ac anwaraidd oedd disgynyddion Lot a drigai yn ninasoedd y gwastadedd. 'Dinas y gwastadedd' yw pentre'r Bont i fugeiliaid pell. 'Mae'n ddigon hawdd iddyn nhw ffermio'n dda ar eu tir gwastad, dyw'r eira ddim yn aros cyhyd â hynny ar lawr gwlad ac ar y dolau ma' nhw'n siŵr o gael ŵyn a gwanwyn cynharach na ni ymhendraw'r byd ar fola'r Drawsallt.'

I waethygu pethau fe symudwyd y ffair fawr, Ffair Gŵyl Grog (Medi 25) a gynhelid yn wreiddiol yn Ffair Rhos i bentre'r Bont. Anodd maddau i rywrai a ladrataodd ffair gron, ond dyna beth wnaeth 'pobl y Bont i bobl Ffair Rhos'. Does neb yn gwybod pryd y digwyddodd hynny, ond fe ddywedir fod pobl Ffair Rhos ryw ganrif neu fwy yn ôl yn ddigon satanaidd i ymosod ar borthmyn a dwyn eu pres porthmona. Dangosir o hyd y mannau lle claddwyd cyrff y porthmyn hynny mewn haenau trwchus o galch brwyn yng nghilfachau'r bryndir. Yn Ffair Rhos y cynhaliai mynachod Ystrad

Fflur eu ffeiriau a deuai masnachwyr pell ac agos (gan gynnwys rhai o'r Cyfandir) i brynu gwlân y fynachlog yn y ffeiriau blynyddol. Wrth ymgyfoethogi ac wrth gael blas ar wneud pres y collodd y mynachod eu pennau, ac oherwydd y cyfoeth oedd yn eu dwylo y penderfynodd Harri VIII eu rheibio ganol yr unfed ganrif ar bymtheg. Dyna fu tynged Ystrad Fflur, ac yn ôl traddodiad lleol, credir iddynt guddio crochan aur ar Ben Bannau yn hytrach na'i roi i wŷr y brenin. Os â rhywun yn rhy agos i'r trysor ar y banc fe ddaw storm enbyd o fellt a tharanau. Cred rhai eraill i Syr Dafydd James, mellt a tharanau neu beidio, ddarganfod y trysor a mynd â'r aur bob sofren ohono i brynu ffortiwn yn Llundain.

Felly, i werthu gwlân Ystrad Fflur y cynhelid y ffeiriau cynnar, ond fe'u datblygwyd wedyn i gynnwys da byw a phob rhyw fath o farsiandiaeth arall. Ar Ddygwyl Iago (Gorffennaf 24) ar Ŵyl Fair (Awst 8) ac ar Ŵyl y Grog (Medi 14) y cynhelid y rhai cyntaf, ond yn ddiweddarach ceid un arall ar Hydref 13 a naturiol oedd cysylltu'r ffair â phererindod i Ystrad Fflur ar un o wyliau'r saint.

Yn Ffair Rhos, nid oes ond dau dŷ, y Tolldy a Llidiard y Ffair, a dau gae, y Gernfaint a Chae Ceffylau, i atgoffa dyn o ffeiriau'r pentre. Y Bont a gipiodd yr Ŵyl Grog, ac ym Mhontrhydfendigaid y cynhaliwyd hi ar Fedi 25 (nid Medi 13 fel ar y cychwyn). Am hydoedd fe fu Medi 25 yn ddyddiad o bwys ar almanaciau'r gwladwyr. Ar Ffair Gŵyl Grog, câi'r ardalwyr ddiwrnod i'r brenin a chyfle i ddod at ei gilydd am dipyn o hwyl, a phan dywyllai âi pethau o ddrwg i waeth yn aml yn ôl y storïau cyffrous a adroddid. Yn hytrach na dau dafarn fel sydd yn y Bont heddiw, yr oedd yna tua hanner dwsin slawer dydd, ac ar ddiwrnod ffair yr oeddynt yn llawn o yfwyr hen ac ifanc o bell ac agos. Âi'r gwragedd a'u ffeirins am lased cyn troi tua thre, ac fe ddywed George Borrow iddo weld gwragedd yn smocio pibelli clai wrth lygadrythu arno ym Mhontrhydfendigaid. Mae hanes yn ail adrodd ei hun fan hyn hefyd. Deuai amryw o'r bois adref o'r Sowth (y nhw a'u milgwn i godi cerdded ar yr ysgyfarnogod a'r ciperiaid); deuai'r sipsiwn i Gae Ffair a byddai yno ddadlau blynyddol rhwng bugeiliaid Cwmystwyth, ffermwyr y wlad a phorthmyn Tregaron. Nid ymladd â dyrnau oedd eu harfer nhw ond cledro'n ddienaid â

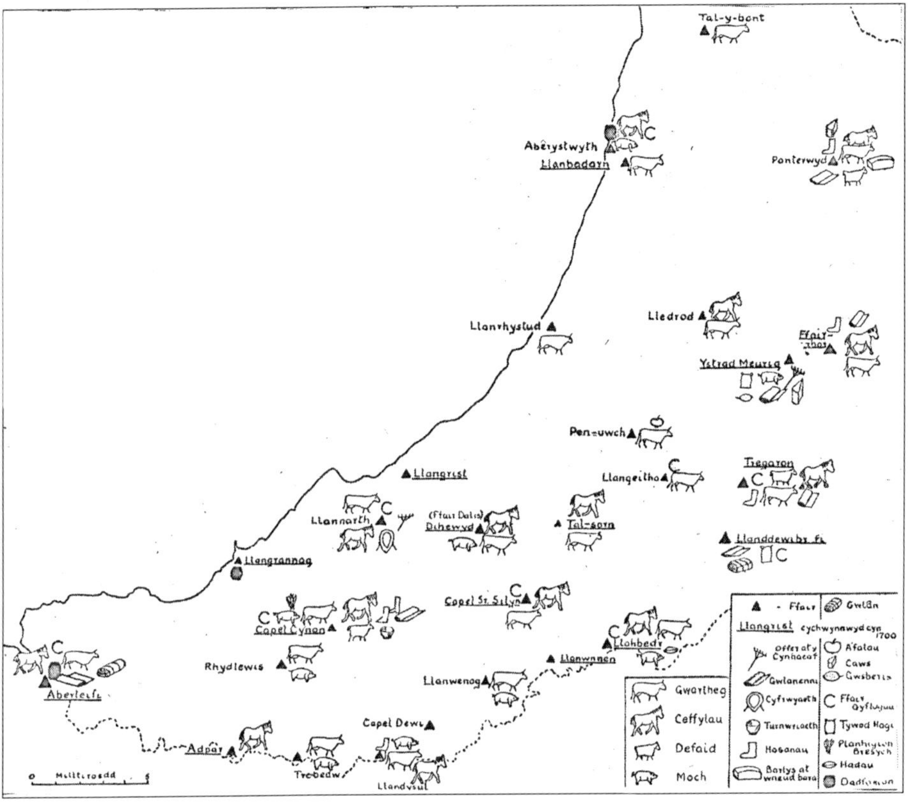

Yr Hen Ffeiriau

ffyn. Y Sul cyn y ffair fe godai'r blaenoriaid yng Ngharmel a Rhydfendigaid i rybuddio'r diadelloedd i fihafio 'oherwydd fe ollyngir y diafol ei hunan yn rhydd o'i gadwynau a bydd yn trigo yn ein mysg am ddiwrnod a noswaith gron'. Bellach does dim eisiau poeni am ddiafol Ffair y Grog oherwydd ychydig iawn a ddaw yno o gwbl, ac y mae pobl ifanc y Bont (ychydig yw eu nifer nhw mae arna' i ofn) yn gallu codi eu cynffonnau bron bob nos o'r wythnos i ryw 'ffair' neu'i gilydd.

Dringwn dros y rhiw a dilyn yr hewl dar drwy'r Llidiard Gwyn Isa a'r Llidiard Gwyn Ucha, a thrwy ryd Tŷnddol i'r mynydd. Fan hyn slawer dydd, disgwyliai'r plant gerbyd penagored y Lord (Lord Lisburne o'r Trawscoed), a rhedeg gap mewn llaw i agor y llidiard i'r gwŷr bonheddig oedd yn mynd i'r llynnoedd am ddiwrnod o bysgota neu i saethu'r grugieir yng Nghlaerddu.

Tir Comin yw'r fron ar y dde, a gall amryw o wŷr y wlad sydd â hawl i hynny anfon defaid os mynnant i bori ar y Tir Cyffredin. O'r ucheldir fe anfonir o hyd ddefaid i'r 'tac' ganol mis Hydref (Hydref 13 yw'r dyddiad penodedig) h.y. fe anfonir y gweiniaid o strem y gwynt i gysgodi ac i gael gwell porfa ar ffermydd glannau Teifi. Yr arferiad hwn yw'r ddolen rhyngom â 'hafod' a 'hendref' y canol oesoedd pan ddilynai'r teulu y tymhorau i symud o un annedd tros dro i'r llall. Hyd yr ugeinfed ganrif fe delid rhwng pymtheg swllt ar hugain a dwy gini y pen ar eu holau, a dychwelent i'w tir drachefn ar y trydydd o Ebrill ar ôl bwrw'r gaeaf yn y 'tac'. Slawer dydd fe ddeuai ffermwyr Sir Frycheiniog yr holl ffordd i ffeiriau Glannau Teifi (Ffair Gŵyl Grog yn arbennig), i wneud y trefniadau angenrheidiol gyda gwŷr y wlad ynglŷn ag anfon defaid i'r tac. Clywid llawer o sôn am Mac Turk o Grai a Miller o Aberhonddu oedd â miloedd ar filoedd o ddefaid ac a anfonai gannoedd ohonynt i lannau Teifi a Dyffryn Aeron bob gaeaf.

Toc, fe fyddwn ar y mynydd agored. Dyma filltir a milltir sgwâr o ehangder brwynog heb glawdd na ffens o fewn cyrraedd llygaid. Wedi blynyddoedd o warchod a bugeilio, fe ŵyr y diadelloedd am eu ffiniau, a dim ond y rhai mwyaf digywilydd fynn grwydro i chwilio am fan gwyn a blewyn glas y libart nesaf.

Dacw Lwybr y Gath ar ochr y banc, Bwlch Graig Fawr, y Ffynnon Goch a'r Beddfa.

Ffynnon ddinod mewn tanfa o frwyn wrth dro'r hewl yw'r Ffynnon Goch, ac fe dyngech fod rhw haearn wedi rhydu'n goch ar ei gwefl. Haf a gaeaf mae rhwd coch yn y ffynnon – staen rhyw feteloedd strae sy'n rhydu ym mherfedd y creigiau medden nhw, a phe bai gen i gyfoeth Syr Dafydd James a'r hawl i dyllu, fe dorrwn dwll main i fola'r graig i'w harchwilio.

Y fangre ramantus lle pedolid y gwartheg ar eu ffordd i Loegr yw'r Bedolfa, ond pam yn enw rheswm y codwyd efail ar y cyntedd hwn heb gymaint â chysgod brwynen rhyngddi hi â gwynt y mynydd.

Mor ddiweddar bob tamaid â dechrau'r ganrif hon, âi gwŷr Ffair Rhos, Y Bont, Ystrad Mering, Swyddffynnon a'r Berth i Loegr i gynaeafu. Ar hyd hewl y mynydd yr aent hwythau a dilyn trac y porthmyn trwy Faesyfed neu Frycheiniog i Henffordd neu Lwydlo. Treulient wythnosau yno a dychwelyd wedyn mewn pryd i gynaeafu gartref. Prinder pres oedd y prif gymhelliad yn fwy aml na pheidio ynghyd efallai ag awydd ambell un i weld tipyn o'r byd. Byddai gan y cynaeafwyr storïau dirifedi a thyfai'r stori fach yn saga gyda'r blynyddoedd. Yn Lloegr fe welwyd plant bach yn siarad Saesneg mor rhugl bob tamaid â Lord Lisburne (Pobl y Trawscoed a Hafod Uchtryd a'r ciperiaid oedd yr unig rai a fedrai siarad Saesneg), gwelwyd mwnci chwe llath yn gwerthu baco y tu allan i Henffordd, ac fe ddiffoddodd gweddi daer gan un o ddiaconiaid y Borth storm o fellt a tharanau oedd yn bygwth llond cae o wenith. Am ei wasanaeth, cafodd gysgu yn llofft yr eil yn hytrach na gyda'r paganiaid eraill a'r cŵn yn llofft y cartws.

Ar hyd yr hewl hon y tingorcai'r certi mawr yn ôl ac ymlaen i'r Gors Goch (ond Cors Glanteifi rhwng y Bont a Thregaron biau'r fawnen orau). Yma hefyd y deuai gwŷr y wlad a'u certi a'u ceffylau blaen i gyrchu'r brwyn hiraf i doi helmi (helmydd) a'r teisi, ac weithiau deuent â rhofied neu ddwy o galch i Nant Claerddu a thynnu llondred o frithyllod cibddall i'w cwato yn y llwyth brwyn.

Bellach does neb yn cofio'r amser pan âi gwragedd y cymdogaethau i wlanna i'r mynydd. Wrth wlanna aent o fryncyn i fryncyn ac o un geulan i'r llall i hela pob tamaid neu bob tafell o wlân strae a welent ar y ddaear. Bydd defaid mynydd ar flwyddyn dda yn dueddol o golli cryn dipyn o'u gwlân, a phryd hynny byddai ffedogau'r gwragedd hela yn orlawn mewn dim o dro. Wedyn câi'r gwlân ei nyddu'n edafedd yn y ffatri leol, a byddai digon o sanau cartref i'r teulu a pharau dros ben i'w gwerthu ar Ŵyl Grog i fasnachwyr sanau o'r Sowth ac o Fryste, medden nhw.

Daw'r ysgyfarnog fynydd i lawr o flaen yr eira
  i bori i gaeau hadau'r tyddynnod.
'Lle bûm i gynt yn arloesi, yn croesi crud
Uchel lechweddau y glog ar dolciog dud'

meddai Dafydd Jones yn ei bryddest i'r arloeswr, ond cŵn lladd defaid a gwynt y mynydd yw hen elynion y bugeiliaid. 'Gwynt traed y meirw' yw gwynt y mynydd a gwynt y gogledd neu 'wynt Siberia' yw'r enwau eraill arno.

Heblaw am y frân a'r ehedydd, ambell gylfinir a boda a gwennol y glennydd uwch dŵr y llyn, ychydig yw nifer adar y mynydd rhwng talarau Ty'n ddôl a cheulannau Claerddu. Daw'r grugieir ar sgawt i bigo'r llysiau duon bach neu'r gruglys, ond

'Prin yw cynnydd ieir y mynydd a'u cywion
Unlliw â'r grug yw arafwch yr ha
Wrth lechu a bwydo ar ruglus a mywion.'

Wedi pasio Pond Bronberllan, fe welwch y llynnoedd, y 'Teifi Pools' ys dywed y cymdogion, ym mhanelau'r mynydd. Llyn Hir, Llyn Egnant, Llyn Fach, Llyn Gorlan, Llyn Teifi, Llyn Fyrddon Fawr, Llyn Fyrddon Fach, Llyn Ddu a Llyn Figyn. Mae carreg Carreg Nawllyn ar fanc Claerddu, ac wrth sefyll ar gopa honno fe welwch naw llyn heb godi ar flaenau eich traed. 'Nant y mynydd "chromium plated"' ys dywed Jacob Davies, ac fe red dŵr trwy bibau o Lyn Teifi a Llyn Egnant i waelod y sir. Bwrdd Dŵr De Aberteifi ar y cychwyn a Bwrdd Dŵr Aberteifi wedi hynny a fu'n gyfrifol am y cynllun, ac erbyn 1971 meddai'r arbenigwyr, fe fyddai angen rhagor o ddŵr eto yn y sir. Mae angen cynyddol am ddŵr yn golygu fod safonau byw yn codi ar bob llaw. Da am hynny, ac mae'n well gen i weld dŵr Llyn Teifi yn llifo i Aberteifi na thros y ffiniau i Loegr.

I'r pant y rhed y dŵr ac fe ddilynwn y Teifi i Gwm Frongoch heibio Caemadog a'r Gargoed i ddolydd Penddolfawr. Dacw olion Abaty'r Sistersiaid yn Ystrad Fflur ac olion gwaith mwyn plwm Bronberllan ar y lan arall. Yr oedd urdd y Sistersiaid yn hynod o

Y Llygaid

boblogaidd yng Nghymru. O Abaty Clairvaux y daethant, o dan ddylanwad Sant Bernard, yn fawr eu sêl a'u heiddgarwch crefyddol. Sefydlwyd eu Tai gan amlaf mewn rhyw bowlen o fynydd yn yr unigeddau lle ceid afon a phorfa defaid. Felly y daethant i Gwm Hir ger Rhaeadr-Gwy, yma i Ystrad Fflur (tua 1164–65), i Abaty Cymer ger Afon Mawddach; i Aber Conwy ac i Lyn Egwystl ac Ystrad Marchell. O'r rhai hyn i gyd Ystrad Fflur a gyfrifid yn bennaf. Gelwid y mynaich y Mynaich Gwyn, am y gwisgent urddwisg syml o wlân. Porai gwartheg a defaid Ystrad Fflur ar fynyddoedd Plumlumon ac ymestynai eu tiroedd hyd at Afon Gwy. Yn Nolbeudai y cadwai'r mynachod eu gwartheg godro; eu hebolion yn Nolebolion a'u hychen yn Nolrychen, ac aent i'w coredi yn Llanddewi Aberarth pan fyddai arnynt eisiau cyflenwad o bysgod. A sôn am Aberarth, y mae traddodiad lleol fod cerrig at godi'r fynachlog wedi eu cludo mewn llongau o Wlad yr Haf i aber yr afon Arth, ac oddi yno a thros Gors

Glanteifi o law i law. Daeth Ystrad Fflur o dan nawdd yr Arglwydd Rhys a chafodd waddolaeth helaeth ganddo ef a'i ddisgynyddion. Cymry o ran gwaed oedd Abadau Ystrad Fflur, a doedd ryfedd yn y byd i deulu Rhys ap Gruffydd o'r Deheubarth fynnu cael eu claddu yma. Yn yr un modd bu i Lywelyn Fawr derfynu ei oes yn Abaty Aberconwy.

Dywed traddodiad mai o dan yr hen ywen ym mynwent Ystrad Fflur y claddwyd Dafydd ap Gwilym, ac yn 1948 gosodwyd maen gan Anrhydeddus Gymdeithas y Cymrodorion i ddynodi ei orweddle. Gam ceiliog o'r ywen y mae Eglwys y Fynachlog a adnewyddwyd yn 1966 gan Syr Dafydd James a lle gosododd wydrau lliw yn y ffenestr ddwyreiniol er cof am ei deulu a gladdwyd yn y fynwent. Bellach fe osodwyd ei weddillion yntau rhwng y muriau.

Filltir a hanner neu ragor o'r Abaty y mae Pontrhydfendigaid a phont fwa dros y Teifi. Y pererinion a fendithiodd y rhyd; a'r mynachod, medden nhw, a gododd y bont drosti. Dyma ddau ddyfyniad cwta o ysgrif fuddugol Eisteddfod Genedlaethol y Bala 1967:

> 'Roedd y diawliaid yn gallu cymysgu siment a chodi wal derfyn yn well na neb,' meddai. Felly y soniai Twm am y mynachod, a mynachod strae â thryweli arian a fu'n codi canllawiau'r bont ma,' meddai.
>
> 'Ac fel y dywedais i droeon wrth gryts y Counti Sgŵl, roedd y mynachod 'na beth bynnag am eu duwioldeb nhw yn gwbod shwd odd codi gwal gerrig,' meddai Twm, a thynnodd ei fysedd yn ddifrifol ar hyd cerrig glas a rhychau calch odyn y 'Nachlog'.

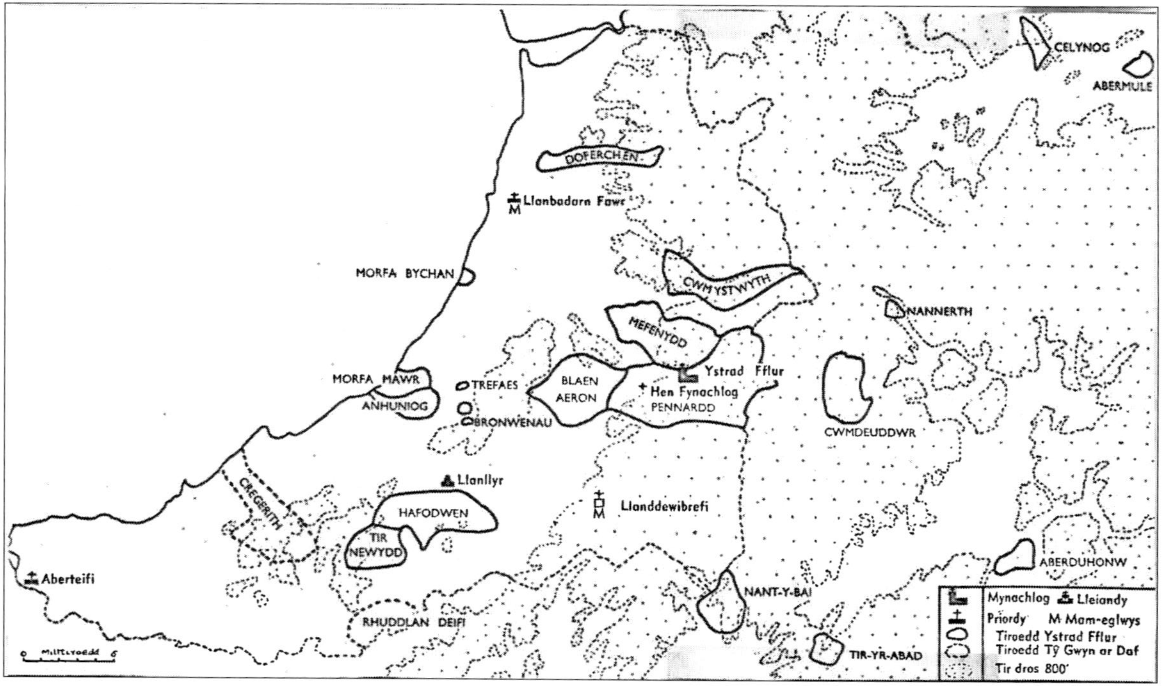

Ystrad Fflur 1282

Gwyddom am ffordd y pererinion ac fe'i dilynwn am ran o'r ffordd drwy gaeau Dolebolion, Y Lôn Dywyll, Y Lôn Groes, dros afon Marchnant ger y Felinfach, drwy Fwlch yr Hendre i Ysbyty Ystwyth lle roedd 'hostel' i'r rhai blinedig i orffwys, tynnu eu sandalau ac iro eu traed dolurus. Yr oedd mynd ar bererindod yn werth y draul a'r blinder. Yn yr Abaty caent solas, ymlwybro ar weddi o gwmpas y clas, a chyn troi ymaith caent yfed o'r Cwpan Sanctaidd a gerfiwyd, medden nhw, o bren y groes. Deuai ag iechyd i'r sawl a gredai ynddo, a phan aeth tiroedd Ystrad Fflur yn eiddo ymhen y rhawg i deulu Nanteos gerllaw Aberystwyth, yn y plasty hwnnw y bu'r Cwpan Rhiniol am ganrifoedd. Erbyn heddiw, dim ond 'sglodion ohono sydd ar ôl – wedi i bererinion ei fyseddu a gadael ôl eu dannedd ar hyd ei ymyl.

Fe ddywedodd un drygionus na ddigwyddodd dim byd yn y Bont yn y cyfnod rhwng claddu Dafydd ap Gwilym yn y 'Nachlog, a dyfod Syr Dafydd James i Bantyfedwen.

Fe anghofiodd am wŷr y Brenin yn clymu eu ceffylau wrth allor yr Abaty cyn anrheithio'r lle a dwyn popeth oedd o werth oddi yno. Anghofiodd hefyd am John Phillips – a'r ddau ddyn a grogwyd am lofruddio Twm y Go'.

Yn 'Islwyn' y ganwyd John Phillips, un o gymwynaswyr Addysg Cymru yn y bedwaredd ganrif ar bymtheg. Efe oedd sylfaenydd a Phrifathro cyntaf Coleg Normal Bangor. Fe deithiodd y wlad i gasglu pres i sefydlu'r coleg a efe hefyd oedd goruchwyliwr Cymdeithas yr Ysgolion Brutanaidd.

Yn *Gwen Tomos* (Pennod IX), y mae Gwen Tomos yn siarad ag Elin Wynn Pantybuarth ger y llidiart ar fin y ffordd pan basiodd dyn dieithr ar gefn ceffyl du. John Phillips o Bontrhydfendigaid oedd gan Daniel Owen fel patrwm pan ddisgrifiodd e bregethwr Methodus Treffynnon. Dyfynnaf y disgrifiad:

> Buont yn ymddiddan yn hir, fel y gwna merched yn gyffredin, pryd yr aeth heibio iddynt ŵr golygus a hardd ar gefn ceffyl du, porthiannus, ond llonydd. Trafaeliai'r gŵr yn araf, hamddenol a myfyrgar yr olwg arno. Yr oedd wedi ymwisgo mewn dillad duon a chanddo glôs pen-glin du a botasau hirion a thopiau cochion

iddynt, het silk a chantel llydan ar ei ben, a chadach gwyn am ei wddf. Yr oedd ei wallt yn ddu a chrych, ac yr oedd ganddo ddwy locsen dew a brwsiog ar ei gernau, a'i ên a'i wefus uchaf wedi eu heillio yn lân. Pan oedd y bonheddwr yn myned heibio iddynt moesymgrymodd yn barchus i'r genethod, ac ebe fe, "Prynhawn da, lodesi bach." Cwrteisiodd Elin Wyn iddo ac atebodd "Prynhawn da, syr." Ond yr oedd Gwen wedi ei swyno gymaint gan ei ymddangosiad parchus fel na ddywedodd air ac na symudodd fodfedd. Teimlai yn sicr mai rhyw esgob ydoedd, ac wedi iddi ystyried cywilyddiodd am na ddangosai un arwydd o barch i'r bonheddwr. Wedi iddo fynd heibio, ebe hi yn fyr ei gwynt –

"Elin, dyna'r dyn harddaf a weles erioed yn 'y mywyd. Pwy all o fod, tybed, i ddwad ffordd yma? Ond oedd yn foneddigedd? Oes gynat ti r'w feddwl pwy ydio, dywed?"

Credwch neu beidio, ond yr oedd Pontrhydfendigaid yn enwog yn y bedwaredd ganrif ar bymtheg ar gyfrif haid o ladron a oedd yn byw yno. Un o'r giwed oedd Twm y Go, ac fe fygythiodd y byddai'n bradychu cyfrinach y lladron. Yr oedd e'n beryglus i'w adael ar dir y byw, ac un noson fe'i llofruddiwyd ar ben Bryn Crach a'i gwato yn yr eithin. Daliwyd y llofruddion, a nhw, mae'n debyg, oedd y rhai olaf a gafodd eu crogi yn hen garchar Aberteifi.

Mae'n werth cofio i Lewis Morris (1701–1765) gael ei garcharu am ychydig fisoedd yn Aberteifi. Ar y pryd cynrychiolai'r Goron yng Ngheredigion pan heriai'r ysweiniaid lleol hawl y Goron ar y mwyn plwm, ac wrth raid ar Lewis Morris swyddog lleol y Goron y disgynai eu llid. Y pryd hwnnw Lewis Morris oedd yn gweithio Esgair Mwyn rhwng Ffair Rhos a'r Glog Fawr, a daeth gweithwyr Grogwynion ger Pontrhydygroes a chynrychiolwyr y Trawscoed yn arfog i'w herio. Fe'i daliwyd a'i daflu i garchar am dri mis.

Bardd ac un o gyfoeswyr Lewis Morris oedd Edward Richard (1714–77) a agorodd ysgol yn Ystrad Meurig tua 1734. Ysgolfeistr, ysgolhaig a bardd y bugeilgerddi oedd ef, ac i Lewis Morris, Richard Morris ac i Ieuan Brydydd Hir y dangosodd Edward Richard ei fugeilgerdd gyntaf.

Bardd, clerigwr ac ysgolhaig oedd Evan Evans (1731–88) neu Ieuan Brydydd Hir fel y'i gelwid. Fe'i ganwyd yn ffermdy'r Gynhawdref plwyf Lledrod sy'n ffinio â phlwyf Ystrad Meurig, ac yn ysgol Edward Richard y cafodd ei addysg.

Bu Glannau Teifi yn hynod o ffodus yn eu prifathrawon cynnar – gwŷr fel Edward Richard, David Jones Dolwolff, D. Lloyd Brynllefrith, Eliezer Williams Llanbedr a Dafydd Dafis Castell Hywel cyfieithydd *Gray's Elegy* i'r Gymraeg.

Yn Ystrad Meurig fe gadwyd y traddodiad clasurol drwy'r blynyddoedd, ac nid ysgarwyd ef ychwaith oddi wrth y diwylliant Cymreig. Clywyd am gampau clasurol cyn-ddisgyblion Ystrad Meurig yn Rhydychen a Chaergrawnt ac wrth gwrs yng Ngholeg Dewi Sant Llanbedr Pont Steffan a agorwyd yn 1827.

Yn ardaloedd Ystrad Meurig, Pontrhydfendigaid a Swyddffynnon y lletyai'r disgyblion ac yr oedd 'na ddolen gymdeithasol rhwng yr ysgol a'r ardaloedd cylchynnol. '*Cum Dis Disca*' yw arwyddair yr ysgol – Gadewch i ni ddysgu – ac yn *Ar Ymylon Cors Caron* (Evan Jones) atgofion a gyhoeddwyd yn 1967, ceir sôn am weision yn ymddiddori fin nos yn nhasgau'r stiwdants ac yn dysgu tipyn go lew o Ladin cyn diwedd y gaeaf.

Wedi 1944, ac eithrio ychydig o flynyddoedd yn union wedi'r Rhyfel, lleihau'n gyson wnaeth nifer y bechgyn a ddeuai i Ystrad Meurig. I Ysgol Uwchradd Tregaron yr â plant yr ardaloedd cyfagos yn awr, a chyfran fach o ieuenctid Cymru sy'n 'mynd' i'r Eglwys beth bynnag.

O Ystrad Meurig fe welwn Gors Glanteifi (Y Gors Goch neu Gors Caron) yn ymestyn am filltiroedd, – o Faesbanadlog gerllaw Strata (yr orsaf leol a wasanaethodd yr ardaloedd hyn am ganrif cyn i'r Llywodraeth benderfynu cau'r lein o Gaerfyrddin i Aberystwyth) hyd at Bont Trecefel islaw Tregaron.

Rhêd y rheilffordd yn syth bin drwy'r Gors; nid â ar gyfyl y Bont oherwydd i ddoctor lleol dylanwadol, medden nhw, cyn dyddiau'r 'Compulsory Purchasing Order', wrthod iddynt fynd â hi drwy ei gaeau yn 1867. David Davies Llandinam 'Top Sawyer' (1818–1890) wnaeth y lein hon. Yr oedd ef eisoes wedi torri dau bwll glo yn y Rhondda ac wedi gwneud y rheilffyrdd – Llanidloes i'r Drenewydd

(1855), rheilffordd Dyffryn Clwyd (1858), Croesoswallt i'r Drenewydd (1861), Drenewydd i Fachynlleth (1862), Penfro i Ddinbych y Pysgod (1863) ac ymlaen i Dŷ-gwyn-ar-Daf yn 1866. Ond profiad neu beidio yr oedd mynd â'r rheilffordd drwy'r fawnog yn broblem beirianyddol sylweddol bryd hynny. Cafodd gyflenwad da o gerrig o'r hafnau a dorrwyd yn y creigiau rhwng y Trawscoed â thwnnel Tyngraig, ond cyn gosod y cerrig sylfaen gosodwyd tunelli o wlân yn y fawnog wlyb. Pwy fuasai'n meddwl am y fath beth o dan y seiliau, ond trwy lwc fe wyddai David Davies a'i beirianwyr y ffordd, ac wedi canrif o fynd a dod mae pob carreg yn ei lle.

Cyn mynd o'r fan rhaid dyfynnu dau bwt o *Plu'r Gwennydd* (Syr O. M. Edwards). Yn y cyntaf, disgrifir y gors fel y bydd yn arferol, ac yn yr ail y gors fel y gwelodd ef hi o dan blu'r gweunydd (y penllwydiaid).

> "I'm meddwl i, cyfunai bopeth a wna aeaf a mynydd-dir yn anghysurus, – tir gwlyb didramwy, pyllau oerion lleidiog ambell goeden ddi-ffurf yn dihoeni, diffyg blodau a diffyg bywyd. Âi cryndod drwy 'nghnawd wrth ei gweled, fel pe bawn yn edrych ar Lyn Cysgod Angau. Ond ni fedrwn beidio edrych arni wrth fynd heibio. Er fy ngwaethaf ni allwn dynnu fy llygaid oddi arni, yr oeddwn fel pe tan ei swyn oer. Wedi cyrraedd Tregaron, teimlwn fel pe bawn wedi cael fy nhraed ar dir sych, yn oer a gwlyb, wedi bod yn ymrwyfo am oriau drwy laid. Ac ym mreuddwydion y nos cawn fy hun yn graddol suddo i'w mwd lleidiog du ...
>
> Plu'r gwennydd, hen gyfeillion mebyd i mi, oedd wedi gwneud y gwaith. Yr oeddynt yno wrth eu miloedd, yn llanerchi o wynder ysgafn, tonnog, byw, heulog. Hwy roddodd i'r hen gors ddu hagr ei gogoniant gwyn. Yr oedd eu plu tuswog yn llawnion, ac eto'n ysgeifn ... Tybiwn fod y bryniau a'r mynyddoedd o amgylch yn codi y tu ôl i'w gilydd i edmygu plant angylaidd y gors, a bod llwybrau dynion yn cadw oddi wrthynt rhag torri ar heddwch mor dyner a difwyno tlysni mor bur. Yr oedd cyfuniad o wynder, disgleirdeb, a chynhesrwydd yn y fan olaf yng Nghymru y buaswn yn mynd i chwilio amdano."

Eto bob haf, fe fydd y Gors yn wyn o blu'r gweunydd, ond y mae pyllau mawn y cymdogion wedi cau ers tro. Ni ddônt mwy â'u clebran a'u storïau diddan i'r figyn ddiwedd Ebrill i dorri mawn. Mae'n rhaid cael digon o heulwen a digon o ddwylo i gynaeafu mawn, ac mewn ardaloedd lle bu'r diboblogi ar ei waethaf mae'r dwylo mor brin bob tamaid â'r llygedynnau haul ar y figyn.

Crugyn. Ar safle'r Gors, yr oedd yna unwaith lyn a ffurfiwyd yn ôl yr arbenigwyr ar ôl i'r glasier (ar ddiwedd cyfnod y rhew mawr) ollwng ei falurion i dagu llwybr y dŵr.
Gwelir y mawn yn sych yn yr haul a'r gwynt. Pan dorrir hwy y mae ynddynt yn aml gymaint â 85-90 y cant o wlybaniaeth.

Mawnen

O'i thir mae'n grefft ei thorri, yna'i thrin
A'i throi, cyn ei llosgi
Aeres hen y gors yw hi
Ar aelwyd i'n sirioli.
(*Dafydd Jones, Ffair Rhos*)

I ddechrau fe fyddai'n ofynnol hogi a gloywi'r offer, – y rhaw, y bal, yr haearn gwthio neu'r haearn digroeni a'r haearn lladd mawn ei hun. Yr oedd anrhydedd ar fin y Gors i'r un mwyaf sicr ei doriad ar y geulan ac i'r ddynes a allai godi y nifer mwyaf o fawn heb ymsythu a heb achwyn ei chefn.

Câi'r sawl nad oedd ganddo dir ei hunan logi ceulan (gwaith i bedwar gŵr cyfarwydd am ddiwrnod) am wyth swllt y flwyddyn. Ceulan i hyn a hyn o wŷr, felly y disgrifid y geulan fawn a thuag wyth mawnen fyddai ei lled.

Byddai'n rhaid digroeni (torri tywarchen y wyneb) i ddechrau. Torrai'r lladdwr cyntaf bedair mawnen ac yna'r ail laddwr y pedair arall. Wedyn fe wnâi dau arall yr un fath, ond fe fyddai'n rhaid iddynt hwy daflu'r mawn i fyny a hwythau ryw wyth modfedd yn is i lawr na'r lladdwr cyntaf. Yr oedd lladd mawn yn waith caled hyd yn oed i ŵr cyfarwydd, a chodi mawn yn dreth ar gefn y ddynes ystwythaf ohonyn nhw i gyd ar ben y gerlan.

Câi rhan o'r lladd cyntaf, –y mawn a oedd yn debygol o sychu'n weddol buan, eu taenu ar led a gosodid y gweddill yn garfan gyda'i gilydd.

Ymhen tair wythnos y byddai'r codiad cyntaf. Y pryd hynny gosodid tair mawnen gyda'i gilydd, un ar y llawr a'r ddwy arall i bwyso arni. Wedyn yr ailgodiad, a'r mawn erbyn hynny'n llawer ysgafnach ac yn haws i'w trin. Crugio os byddent yn weddol sych oedd y drydedd act, a hynny er mwyn i'r haul a'r gwynt gael gwell gafael arnynt.

Y gamp oedd eu cael adref cyn iddi droi'n wlyb. Amhosibl fyddai dod â chert i fin y pwll unwaith y torrai'r hin a'r nod oedd osgoi'r drafferth o'u cario o ben y pwll i ryw lecyn hawdd mynd ato.

Yn fwy aml na pheidio, wrth gornel y tŷ y byddai'r dâs fawn, ac wedi cwpla cynaeafu a thôi, âi'r cymdogion o un tŷ i'r llall i lygadu ac i dynnu coesau ei gilydd. Y mae gwahaniaeth rhwng mawnen a mawnen mewn gogoniant! Mawnen ben-tusw yw'r fawnen frannog. Un ffagl ac y mae wedi llosgi'n llwch gwyn. Y fawnen goch sydd o dan y ben-tusw, ac o dani hi y mae'r fawnen ddu. Yn y ddu mae'r gwres, ac y mae'n llosgi heb adael hanner cymaint o lwch â'r lleill.

Ceulan Fawn. Gwelir y gwahanol haenau.
Mae'r haen isaf yn dywyllach na'r gweddill.
Bu yma am ganrifoedd o flaen yr haenau eraill.

Wedi croesi'r Teifi a phasio'r Alltddu a Maesllyn yr ydym ar gyrion Tregaron, ac yma rhwng y rheilffordd a'r hewl o'r Bont i Dregaron y mae fferm Camer Fawr lle ganwyd y diweddar W. Ambrose Bebb y llenor, yr ysgolhaig, yr hanesydd, y teithiwr, y dyddiadurwr, y cenedlaetholwr, y gwladgarwr a'r dyngarwr. Erbyn hyn y mae'r hen dŷ ar fin chwalu, a thŷ a thai allan newydd wedi eu codi ar ochr arall y ffordd. Hyd yn hyn ni chafodd Ambrose Bebb gofiant, ond ar ôl i ddyn feddwl does dim angen cyfrol goffa ar un tebyg iddo. Y mae ei gyfrolau poblogaidd a'r gwaith diflino a wnaeth ef dros Gymru a'r Gymraeg yn gofgolofnau parhaol. Ar wahanol adegau cofiaf ddarllen 'Ein Hen Hen Hanes', 'Hil a Hwyl y Castell', 'Dial y Tir', 'Dyddiadur 1945' ac 'Argyfwng' – a phob un ohonynt yn eu ffordd yn gadael ei ôl arnaf. Gallaf ddweud mai ar ei lyfrau y magwyd fi'n ddiwylliannol, ac ni fynnwn arlwy ragorach nag a gefais ganddo. Unwaith yn unig y clywais i e'n siarad, yng nghyfafod Gwobrau Ysgol Sir Tregaron yn 1946. Siarad â'r merched a'r bechgyn oedd yn bwriadu troi adref i weithio yn y wlad a wnaeth. Soniodd am grefft a doniau gwŷr cefn gwlad, ac fel enghraifft, rhoddodd bortread byw iawn o ryw hen ŵr a allai dorri mawn yn well na neb yn y cymdogaethau. 'Os ydych am fod yn ffermwyr neu grefftwyr amcenwch at feistroli'r grefft neu'r gelfyddyd honno fel y gwnaeth hen dorrwr mawn Cors Goch Glanteifi.'

Yn 1897 yr agorwyd yr Ysgol Sir yn Nhregaron a fyth oddi ar hynny bu'n ddylanwad o bwys ar yr ardaloedd a wasanaethai, – o Gwmystwyth i Lanbedr ac o Dalsarn i Soar y Mynydd. Yn y 'Cownti' cafwyd y cyfle ychwanegol i ymbaratoi ar gyfer 'dod mlân' yn y byd.

Yr oedd, ac y mae o hyd o ran hynny, barch i addysg yn y rhannau tlotaf lle mae gwaith yn brin oherwydd mai yno y mae'r dyhead cryfaf am ddod mlân. Roedd pasio arholiad felly yn bwysig i blant Tregaron.

Gellir edrych ar Ysgol Sir Tregaron fel rhyw erodrôm lle cododd to ar ôl to o ddisgyblion a hedfan o gefn gwlad. Heb fod yn angharedig ac yn anheg wrth y rhai a safodd yn eu cynefin, ar y cyfan, mae'n fwy na thebyg mai'r rhai a ddangosodd fwyaf o addewid a aeth ymaith gan amddifadu'n gyson yr ardaloedd gwledig o'u harweinwyr. Mynd o Dregaron fu tynged nifer helaeth o ddisgyblion disglair yr ysgol, ond trwy lwc, arhosodd nifer ohonynt yng Nghymru i'w gwasanaethu – ym myd llên ac addysg yn fwyaf arbennig. Teg efallai yw nodi ychydig o enwau, a dyma'r rhai sy'n dod i feddwl dyn: Yr Athro Gruffydd John Williams, Dr Martin Lloyd Jones a'i frawd Vincent Lloyd Jones, Ambrose Bebb, Cassie Davies, Tom Hughes Jones, D. Lloyd Jenkins, Evan Jenkins, Kitchener Davies, Dai Williams, Non Davies, W. J. Gruffydd (Elenydd) a John Roderick Rees.

Mae'n debyg y gellir ychwanegu enwau rhagor o gyfranwyr pe tynnid rhestr gyffelyb cyn diwedd yr ugeinfed ganrif a synnwn i ddim na fyddai enwau gwyddonwyr yn amlycach ar y rhestr honno.

Ysgol Uwchradd Tregaron (yr hen adeilad)

Yn Ysgol Tregaron meithrinwyd y traddodiad cartrefol Cymreig, a llwyddir hyd yn oed heddiw i asio'r addysg a gyfrennir i'r plant wrth draddodiad y gymdeithas honno. I'r athrawon ac i'r prifathrawon debygwn i y mae llawer o'r diolch. J. T. Lewis, mathemategydd a disgyblwr haearnaidd oedd y prifathro cyntaf, hanesydd lleol oedd S. M. Powell yr ail bennaeth, llenor a bardd oedd D. Lloyd Jenkins a Chymro pybyr yn anad dim byd arall oedd Mr Glyn Ifans y pennaeth yn 1968.

Effeithiodd y diboblogi ar yr ysgol hon yn fwy efallai nag ar unrhyw ysgol uwchradd arall yng Nghymru oherwydd mai o gefn gwlad a'r pentrefi y daw'r disgyblion bob un. Lleihau'n gyson fu nifer y disgyblion – cant yn llai ar lyfrau'r ysgol erbyn 1968 nag oedd yna bum mlynedd ynghynt, ac erbyn hynny roedd yn Nhregaron ormod o athrawon i fodloni llythyren y ddeddf. Digon tebyg fe roir lle yn yr ysgol maes o law i'r disgyblion o rannau eraill o'r wlad, a phlant Cymry sy'n byw tros Glawdd Offa efallai. Y mae'r posibiliadau'n ddibendraw.

Prinder gwaith yn enwedig i'r bobl ieuainc fu'r bwgan ers tro, a heblaw am y siopau, y Cyngor Lleol, ffatri laeth, Pont Llanio, y Comisiwn Coedwigo a'r ffermydd cyfagos fe fyddai ar ben ar wŷr Tregaron.

Daw pysgotwyr i'r ychydig westai yn ystod y tymor pysgota, a diddorol yw nodi fod rhagor o ffermydd nag erioed o'r blaen yn manteisio ar yr ymwelwyr, ac fe gaiff yr ymwelydd sy'n hoffi'r unigeddau gronglwyd a merlen i ferlota'r cymdogaethau nes bod ei grwmp yn gwyniasu ar y cyfrwy. Gellwch ferlota am awr, am ddiwrnod neu am wythnos yn ôl eich gwanc am grwydro'r llwybrau diarffordd rhwng y Pica Bach a Soar y Mynydd.

Fe ŵyr y wlad am bysgotwyr y Brenig – yr afon a rêd drwy'r dre a bwrw i'r Teifi ar ei phen ger Pont Trecefel – ac am bysgotwyr y Teifi hefyd – sydd newydd ddod o'r Gors rhwng pentanau Pont Einion. Bu sôn ers blynyddoedd yn y llyfrau pysgota coethaf a pharchusaf am ddawn ddihafal yr anghymarol Dai Lewis. Pysgotwr proffesiynol i bob pwrpas oedd Dai Lewis o Ddoldre, a fe, wrth gwrs, fyddai'n tywys ac yn cyflwyno'r ymwelwyr i'r afon ac yn fwy aml na pheidio yn dal y brithyllod, yn llenwi eu bagiau ac yn gwrando ar eu geiriau bras yng nghegin ffrynt y gwesty yr un noson.

Heb ganu clodydd neb, yr oedd dau o bysgotwyr Tregaron, Mr M. J. Morgan a Mr Gwynfor Jones yn Nhîm Pysgota Cymru 1967 – y tîm Cymreig cyntaf i drechu'r tair gwlad arall a M.J. oedd capten y pencampwyr. Roedd M.J. (Moc Morgan) yn glebrwr, yn bysgotwr, yn heliwr ac yn sgrifennwr prysur. Fe oedd colofnydd pysgota a hela *Y Cymro* a'r *Western Mail*, ac awdur dau o lyfrau a gyhoeddwyd gan Gwmni Cyhoeddiadau Modern – *Moc yr Heliwr* ac *Yng Nghysgod Dai*.

Tref o gymeriadau yw Tregaron a dyna a fu hi hefyd yn ôl pob golwg. A thref â thraddodiadau porthmona cryf yn estyn nôl i ddyddiau'r porthmyn cynnar a âi ag anifeiliaid bob cam i ffeiriau Llundain yn Barnet a Smithfield. Gallai Rhys y Moch a'i fwffler du a gwyn amcangyfrif pwysau mochyn i drwch y blewyn, a bu Ben y Crown gyda Wil ei dad yn ffeiriau Lloegr lawer gwaith.

Caiff cannoedd o dda stôr eu gwerthu ym mart Tregaron bob blwyddyn, ac ar Ddydd Mawrth Mowr (Dydd Mawrth Marchnad Fisol) fe ddaw porthmyn o bob rhan o'r wlad i brynu ac i werthu yn Nhregaron. Pery'r Mawrth Mowr yn ddiwrnod o bwys ar almanaciau gwŷr y wlad, ac y mae'n werth taro lawr i weld Henry Richard ac i weld be sy'n mynd mlân hyd yn oed ar Ddydd Mawrth Bach.

Ond mae'r ffeiriau cyflogi wedi bwrw eu pwff a goroesi eu diben ers llawer dydd. Ar y Dydd Mawrth cyntaf wedi Tachwedd 13 y cynhelid y ffair fawr (Ffair Fowr Gynta) a'r ail ffair wythnos yn ddiweddarach. Calan Gaeaf oedd pentymor cyflogi, a gwelid y bechgyn a oedd heb eu cyflogi a'r ffermwyr a oedd heb gael gwas yn rhyw loetran yn agos i sgwâr y bont (y sgwâr bach o'i gyferbynnu â sgwâr mowr Henry Richard). Cytundeb am ddeuddeng mis oedd y cytundeb rhwng meistr a gwas ac wedi cytuno a chyflogi, câi'r gwas twt, y gwas bach neu'r gwas penna, swllt neu hanner coron o ern (ernes) gan ei ddarpar feistr. Os newidiai ei feddwl cyn pen wythnos, byddai'n rhaid dychwelyd yr ern, ond roedd hynny'n llai o waradwydd na thorri ar gyflog am y pentymor. Ar y llaw arall, os safai gwas gyda'r un meistr am saith mlynedd fe gâi anner flwydd yn rhodd a châi'r forwyn bâr o flancedi gan ei meistres am ddal saith mlynedd wrth yr un postyn.

Ynghanol y begera, y rhialtwch a'r porthmona, fe drôdd Henry Richard ei gefn llydan ar ddrws y Talbot a hewl y mynydd. Cododd ei law a chred y gwladwyr ei fod eisiau dod lawr o ben ei golofn. 'Welest ti nhw'n mynd â H.R. i'r tŷ bach erioed,' meddai taid wrth ei ŵyr ar gornel y sgiw. 'Dyn carreg,' meddai un. 'Nage dyn du yw Henry Richard,' meddai'r llall, ond ar y Sgwâr Mowr y mae e o hyd fel pelican ar ei bedestal.

Apostol Heddwch oedd Henry Richard Tregaron. Yn 1848 fe'i penodwyd yn ysgrifennydd y Gymdeithas Heddwch ac aeth i Frwsel i gynhadledd gydwladol ar y pwnc. Bu'n weithgar iawn y blynyddoedd dilynol yn trefnu cynadleddau mewn gwahanol wledydd ac yn gofalu am rai o gyhoeddiadau'r Gymdeithas. Ceisiodd hefyd ddehongli Cymru i'r Saeson. Ysgrifennodd i'r Wasg Saesneg i esbonio helynt Beca ac yn 1868 cyhoeddodd gyfres o lythyrau ar gyflwr cymdeithasol a gwleidyddol Cymru. Yn 1868 hefyd etholwyd ef gyda mwyafrif sylweddol yn aelod seneddol dros Ferthyr Tudful. Safodd yn gadarn dros fuddiannau Cymreig ac Anghydffurfiol yn ystod ei dymor yn y Senedd ac yn 1880 fe'i penodwyd yn aelod o'r pwyllgor a chwiliai gyflwr addysg ganolradd ac uwchradd yng Nghymru. Dadleuai'n gryf yn erbyn ymyrraeth y wladwriaeth mewn materion crefyddol.

Gam ceiliog o ganol y sgwâr Mowr y mae'r Neuadd Goffa, ac yn y fynedfa fe welir rhestrau hir o enwau'r bechgyn a syrthiodd yn y ddau Ryfel Byd. Yn wir credir i Dregaron golli rhagor o'i bechgyn yn y Rhyfel Byd Cyntaf nag odid unrhyw gymdogaeth arall o'r un maint â hi.

Syndod na fyddai'r Apostol Heddwch wedi troi ei gefn mewn dicter neu mewn cywilydd.

Yn Neuadd Goffa Tregaron y clywais i'r ddau achos 'samonna' gorau erioed, a diboblogi neu beidio, mae digon o ddwylo trin gaff ar ôl o hyd ar lannau Teifi wedi nos a digon o hwyl ar y 'mabinogion' trannoeth y dala a'r erlid. Yn Neuadd Goffa Tregaron fe gosbwyd llawer o Gymry uniaith gan Ynadon difeind am herw hela, ac yn 1967 fe basiwyd Deddf yr Iaith a rydd hawl i Gymro amddiffyn ei hun yn Gymraeg, a thrwy lwc yn y saithdegau roedd dros wyth o bob deg o'r Ynadon yn Gymry ar Fainc Tregaron.

'Anghyfiawnder,' meddech chi. 'Cael cam,' medde fe. 'British Justice,' medden nhw, ac rwy inne'n credu na chafodd neb ragor o gam gan hanes na Thwm Siôn Catti (1530–1609). Tirfeddiannwr, hynafiaethydd, achydd a bardd meddai'r haneswyr. Adyn, llofrudd a lleidr penffordd meddai'r chwedlau bob un, ac y mae'r storïwr yn fwy diddorol na'r hanesydd. Mae cruglwythi o storïau antur am Twm Siôn Catti (neu Thomas Jones i roi iddo ei enw mwy parchus). Ym Mhorth-y-ffynnon yr oedd e'n byw, a chredir ei fod e'n fab anghyfreithlon i fonheddwr lleol. Disgrifiwyd ef fel Thomas John alias Catty yn 1559. Dengys ei lawysgrifau ei fod yn ŵr o ddysg a dawn, tra dengys cofnodion swyddogol ei fod yn ŵr bonheddig ei sefyllfa mewn cymdeithas. Bu'n helpu gwŷr dysgedig fel Lewis Dwn a George Owen o sir Benfro, a dygir tystiolaeth uchel iawn i gymeriad Twm gan neb llai na'r Dr Siôn Dafydd Rhys, ond ei gamp fawr e efallai oedd priodi etifeddes Ystrad Ffin.

Storïwyr y bedwaredd ganrif ar bymtheg a gododd storïau carlamus a chelwyddog am y Twm hwn greda i, ond pwy all ddweud gair caredig am Blant Mat 'te? Ganol yr ail ganrif ar bymtheg, fe gadwai un o'r enw Matthew Evans dŷ tafarn yn Nhregaron, ac yr oedd ei blant e, dau fachgen ac un ferch yn garn lladron y cymdogaethau ac wedi iddyn nhw fynd dros ben llestri aethant i gwato mewn ogof – tua Phont y Gŵr Drwg, meddai'r tafodau.

O Dregaron i Lanio fe rêd y ffordd a'r rheilffordd lygad yn llygad, ac ym Mhont Llanio mae Ffatri Laeth wen fel eira. Bu dylanwad hon yn drwm ar amaethyddiaeth Glan Teifi, a thrôdd rhagor a rhagor i werthu llaeth yn hytrach na gwneud menyn a magu da stôr. Rhoddwyd y fuddai o'r neilltu, cadwyd 'stand' ar ben y lôn, prynwyd da Friesians yn lle'r Herefords ac edrychid ymlaen am gael siec y llaeth bob mis. Trwy sefydlu diwydiannau fel y rhai hyn, gellid nid yn unig rwystro'r lleihad yn y boblogaeth wledig ond hefyd gefnogi ailgodi gorchwylion fel magu moch ac ati.

Merlota ar lwybr y mynydd

Ni fentrodd y milwyr tramor ymhellach i fyny'r afon na Llanio ac yng nghyfnod y Rhufeiniaid yr oedd Loventium yn orsaf filwrol bwysig. O Lanymddyfri rhedai'r hewl Rufeinig – y Sant Helen (via Occidentalis) dros y Teifi ger Llanfair Cludogau a bwrw ar hyd ochr orllewinol yr afon i Lanio. O Lanio rhedai wedyn i Lanbadarn Fawr a chroesi'r Dyfi i Bennal.

Llanio oedd yr unig ganolfan Rufeinig yn y cyffiniau. Cred rhai mai'r mwyn plwm oedd wedi tynnu'r dieithriaid hyn i'r sir, ac y mae'n wir mai o ardaloedd mwyn Sbaen y daethai rhai o'r milwyr i Lanio. Ond barn ysgolheigion yw na bu'r Rhufeiniaid erioed yn gweithio mwyn yng Ngheredigion. Y mae'n bosibl mai un o'u hamcanion wrth osod sefydliad yn Llanio oedd amddiffyn y mwyngloddiau aur yn Nolau Cothi yn hytrach na gweithfeydd Ceredigion.

Rhwng 120 a 140 OC yr oedd pethau'n dechrau poethi yng Ngogledd Lloegr, a bu'n rhaid i'r 'Cohors II Asturum Equitata' (milwyr Llanio) ymadael â Chymru i amddiffyn Caer Greatchesters ar Fur Hadrian.

Carcharorion rhyfel 1939–1945 oedd y Rhufeiniaid nesaf ar lannau Teifi, ond stori arall yw honno.

Mae Llanddewi Brefi yn nythu yng nghesail Craig Twrch ac i'r fan hyn y daeth Dewi Sant i gymanfa 519. Pregethodd yn erbyn Morganiaeth, sef hen athroniaeth gyfeiliornus Pelagius, ac yn ôl rhyw stori fe gododd bryncyn o dan ei draed. Dywedir fod heresïau Pelagius ar gynnydd gymaint yn y chweched ganrif fel y galwyd ynghyd gymanfa trwy orchymyn Dyfrig Beneurof, Archesgob Caerllion ar Wysg a Deiniol Esgob Bangor, i ymgynghori pa fodd i wrthsefyll crefydd y Pelagiaid a oedd ar gynnydd gwyllt wedi marw Garmon.

Beth bynnag am stori'r bryncyn, saif Eglwys Llanddewi Brefi ar godiad tir. Fe'i hadeiladwyd yn wreiddiol ar lun a chynllun Llanbadarn Fawr, ond erbyn heddiw dadfeiliodd y ddau gapel croes, ac nid oes yno ond rhyw ehangle gwag. Ac yn gysylltiedig ag Eglwys Dewi y mae'r llinellau hyn:

Llanddewi-brefi fraith
Lle brefodd yr ych naw gwaith
Nes hollti Craig y Foelallt.

Dau ych yn llusgo cerrig o Graig y Foelallt medden nhw. Y cerrig yn rhy drwm, ac fe syrthiodd un ych yn farw o dan ei bwn. Pan welodd yr ych arall ei gydymaith ar lawr fe frefodd mor ddychrynllyd naw gwaith nes holltodd y graig yn ei hanner.

Yn ôl yr hanes fe sefydlodd yr Esgob Beck yn niwedd y ddeuddegfed ganrif Goleg yn Llanddewi (yn Lluest y Cantorion meddai'r gwybodusion). Nid mynachdy nac ysgol ond offeiriaid yn byw gyda'i gilydd er mwyn gwneud dyletswyddau crefyddol. Bwriad cyntaf yr Esgob Burgess oedd adeiladu Coleg Dewi Sant ar adfeilion y sefydliad hwn, ond ymddengys i John Williams Archddiacon

Ceredigion ddylanwadu ar yr esgob i newid y cynllun gwreiddiol a chanolbwyntio ar Lanbedr Pont Steffan.

Cyn croesi i Lanfair Cludogau neu fynd lawr gyda'r afon mae'n werth craffu ar dai unnos y mynydd-dir. Codwyd nifer da ohonynt ar fynydd Llanddewi. Ganol y bedwaredd ganrif ar bymtheg (1830–1870) codai tai unnos ar slei liw nos fel bwyd y broga. Maesybetws, Nantgwyddel, Ffrwd-ar-gamddwr a'r Cnwceithinog – a pha ryw fardd a ddewisodd enwau mor ddethol â'r rhain. Clwstwr o dai unnos oedd pentref Ffair Rhos, a dyna'n gwmws beth welodd George Borrow wrth basio heibio yn 1854, 'Dilapidated cottages,' meddai, ond wyddai fe ddim mai ar slei yng ngolau lleuad ddi-ddal

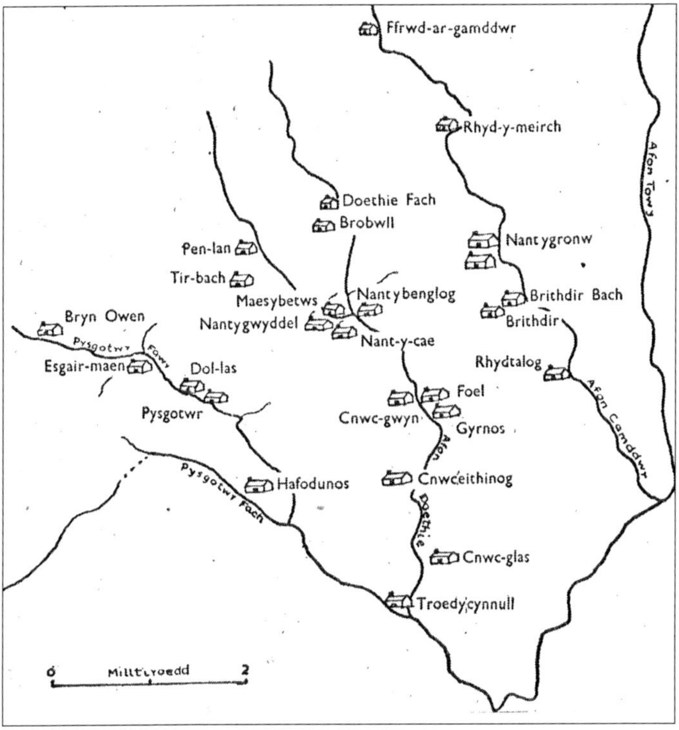

Rhai tai unnos ar fynydd Llanddewibrefi

y codwyd nhw. Tai unnos hefyd oedd nifer o dai Doldre ar lannau'r Brenig yn Nhregaron. Ar dir cyffredin (tir comin) y codid y tai hyn, ond er hynny yr oedd traddodiad ac arfer gwlad yn mynnu nad gwiw ymyrryd â hawliau dyn a godai dŷ unnos iddo'i hun. Ni wnaf fanylu ynglŷn â'r adeiladu llechwraidd, ond wedi codi tŷ a chael mwg o'i gorn, y peth nesaf oedd cau darn o dir o amgylch y tŷ cyn belled ag y gallai a chau ato'r tir rhwng hynny a'r bwthyn. Ymhen blwyddyn a diwrnod, gellid codi tŷ cerrig am y caban unnos a chario hwnnw allan trwy'r drws bob yn ddarn.

O Landdewi i Lanfair Cludogau lle buwyd yn mwyngloddio a lle nad oes neb yn gwybod yn siŵr beth yw ystyr 'Cludogau'. Sŵn dŵr meddai rhai, ac y mae yna dair nant yn cwrdd â'i gilydd yn y gymdogaeth ac yn cadw tipyn o dwrw wrth fwrw ar draws ei gilydd. Llanfair Fawr yw enw'r fferm ar y sgwâr a gellir mynd lawr ar hyd y ffordd hon trwy Gellan lle ganwyd dau ysgolhaig o fri mewn gwahanol gyfnodau: Moses Williams diwedd yr ail ganrif ar gymtheg a dechrau'r ddeunawfed ganrif a'r Athro Griffith John Williams yn yr ugeinfed ganrif – i Lanbedr Pont Steffan neu 'Llanbed' yn ôl y trigolion. Dros y rhiw acw, a dyna chi ar eich pen yn Llangybi ac ar yr ail hewl sy'n arwain i Lanbed.

Mae Tŵr y Dderi fel cannwyll heb ei chynnau ar ben y bryn y tu ôl i Bettws Bledrws. Does neb yn rhyw siŵr iawn sut mae egluro'r hylltod. 'Er cof am Ddewi Sant,' meddai un, 'Ei godi er mwyn rhoi gwaith i'r ardalwyr diwaith,' meddai'r llall. 'Fe'i codwyd er mwyn i foneddiges y plas gadw golwg ar ei mab penysgafn yn Llundain,' meddai stori arall, a chred y pedwerydd mai o ben y tŵr y gwyliai'r ysgweier yn hela cadno. I blesio fy hun, cytunaf â'r ail a'r pedwerydd ond efallai bod ychydig o wir wedi'r cwbl yn y pedwar eglurhad.

Yn ôl yr haneswyr does dim sôn am Lanbedr Pont Steffan yn yr hen groniclau, ddim cyn 1154. Nid Steffan – brenin Lloegr yw'r Steffan hwn ond gŵr celfydd o gymdogaeth Pencarreg medden nhw a adeiladodd y bont gyntaf dros y Teifi yn y fan hyn.

Ar ôl bod bant am amser, fe fydda i'n cofio'r sôn am Caradog Evans yn agor ffenest ei gar wrth groesi'r ffin i Gymru ac yn anadlu awyr ei wlad ar ôl dweud cymaint o bethau cas amdani hi. Gwnaf innau'r un peth wrth ddychwelyd dros y Teifi y tu allan i Lanbed i 'wlad fwyn Geredigion deg' chwedl Ieuan Brydydd Hir.

Llanbedr Pont Steffan, Lampeter neu Llanbed, beth tybed mae e'n ei olygu i chwi? Stiwdants, marchnad wartheg lewyrchus, Gwesty'r Castle, Brawdlys y Sir, Swyddfeydd y Llywodraeth, prawf gyrru modur, Siop Jack y Barbwr, Harford Square, y Ffowntan, Idwal Jones neu'r felin lifio?

Pawb at y peth y bo, ond fe osodwyd carreg sylfaen y coleg ym 1822 –ar yr union ddiwrnod y ganwyd George IV, ac y mae'n debyg i'r brenin gofio am hyn a chyfrannu'n hael at y coleg. Yr Esgob Burgess, Arglwydd Esgob Tyddewi a osododd y garreg sylfaen a chyfrannodd ef a holl glerigwyr yr esgobaeth y ddegfed rhan o'u cyflog am y flwyddyn honno tuag at y coleg. Adeiladwyd y coleg ar batrwm colegau Rhydychen a Chaergrawnt. Ei nod oedd hyfforddi'r sawl a geisiai urddau yn Eglwys Loegr, a Choleg Llanbed oedd y sefydliad cyntaf yng Nghymru a gafodd hawl i gyflwyno graddau. Bellach y mae'r coleg yn rhan o Brifysgol Cymru, yn derbyn merched erbyn hyn ac mor Saesneg a Seisnig ysywaeth ag y gall e fod.

Mynedfa i Goleg Dewi Sant – Llanbedr

Adeiladwyd Castell yn Llanbedr yn nechrau'r ddeuddegfed ganrif – i amddiffyn y Saeson a'r Normaniaid lladronllyd. Dywed y Brut iddo gael ei lwyr ddinistrio gan Owain Gwynedd yn 1137. Yna fe'i hailadeiladwyd gan rywun anhysbys ac ym 1405 cawn fod yma amddiffynfa gadarn. Cymerodd Rhys ap Llywelyn y castell gyda chatrawd o fyddin Owain Glyndŵr yn 1406 a'r flwyddyn ddilynol yr oedd Owain ei hun yn ennill caer Llanbedr.

Ar ochr ddwyreiniol y dre y safai hen blasty Maesyfelin a adeiladwyd yn nechrau'r bedwaredd ganrif ar ddeg. I ddechrau perthynai i gangen o hen deulu Llwydiaid Mynydd Hywel a Galltyrodyn. Yn ystod y Rhyfel Cartref yr oedd Llwydiaid Maesyfelin yn deyrngar i'r brenin a chawn fod Syr Marmaduke Lloyd a'i fab ar ochr y goron ym Mrwydr Sant Ffagan. Y mae traddodiad i Samuel Pritchard (Samuel Bach) mab y Ficer Pritchard gael ei lofruddio gan rai o deulu Maesyfelin. Crwtyn gwyllt oedd mab yr 'Hen Ficer'. Yr oedd yn gyfeillgar â Syr Francis Lloyd ac yn ymddiddori yn un o'i wragedd dethol. Ac os gellir coelio traddodiad, cafodd 'Samuel Bach' ei fagu rhwng dau wely plu: rhoddwyd ei gorff mewn ffetan a'i daflu i Afon Tywi. Dyma un o benillion y Ficer ar yr achlysur hwnnw:

Melltith Duw ar Faesyfelin
Ar bob cangen, ar bob gwreiddyn
Am daflu blodau tref Llan'ddyfi
Ar ei ben i Dywi i foddi.

Ar gwr gorllewinol y dre ar ochr y ffordd sy'n arwain o Lanbedr i Lanwnen ar lan afon Creiddyn y safai plasty Ffynnonbedr. Gwerinwyr eithafol oedd hen deulu Ffynnonbedr, a thrwy briodas fe'u hunwyd â theulu Maesyfelin. Cymerwyd peth o ddefnyddiau Maesyfelin i atgyweirio Ffynnonbedr ond dilynwyd hwy, mae'n eithaf siŵr, gan farn yr 'Hen Ficer', a thoc roedd y lle'n adfeilion. Dyna fu hanes y mwyafrif o'r plastai – edwino a dadfeilio. Y bythynnod a'r ffermdai a'r werin bobl a ddaliodd eu tir a 'phendefigaeth feddal' a dyfodd ar ben eu digon rhwng y llwyni helog a'r rhododendron.

Afon Granell sy'n rhedeg drwy bentref Llanwnen ac ychydig i'r de ar lethr serth uwchlaw'r afon saif eglwys a phentref Llanwenog lle bu brwydr yn ôl yr hanes rhwng y Cymry a'r Daniaid yn 981. Yn Llanwenog y mae bedd y Parch. Dafydd Dafis, Castell Hywel y soniwyd amdano eisoes fel un o brifathrawon cynnar Dyffryn Teifi ac efe, fel y dywedwyd, a gyfieithodd *Gray's Elegy* i'r Gymraeg.

Ar fynydd Pencarreg y mae mast teledu'r BBC 'cans dringodd gwareiddiad i doau'r tai wrth gwt pigffyrch y teledu.'

A gan i ni ddechrau sôn am feddrodau, yma ym Mhencarreg y claddwyd Daniel Ddu o Geredigion (1792–1846). Offeiriad, athro beirdd a gwladgarwr oedd Daniel Ddu, a chaf fy nhemtio i ddyfynnu darn o'r araith a draddododd yn Eisteddfod Aberhonddu 1822:

Un o dai'r uchelwyr. Y Cilgwyn ger Castell Newydd Emlyn sydd ar ei draed o hyd (llun: John Thomas, Llyfrgell Genedlaethol Cymru)

"Mae yn llawenydd uwch geiriau i mi ganfod yma heddiw gynifer o'm cydwladwyr wedi ymgynnull ynghyd i goledd ac i gynnal iaith ein mamau – i gefnogi'r iaith honno at lwyddiant pa un y darfu i amryw o'n cydwladwyr, heb fawr olwg at eu helw eu hunain ddefnyddio eu hamser a'u talentau i'w chadw'n ddihalog a'i thraddodi i ni yn ddigymysg. Diolchwn i'r enwogion hynny o bob oes a safasant yn wrol o blaid eu gwlad a'u hiaith, pan nad oedd ond ychydig a barchent eu hymdrechion. Boed i'r goffadwriaeth am Goronwy Owen, Lewis Morris, y Prydydd Hir, Owain Myfyr, Gwilym Owain, Iolo Morganwg, a ymwrolasant yn y ganrif ddiwethaf i gynnal ac i amddiffyn ein hiaith, fod mewn haeddiannol barch gennym oll. Gymry! Mae ein hiaith heddiw yn fyw ... ond y mae iddi elynion yn nes ati: mae rhai ag a ddylent ei charu yn ysgyrnygu dannedd i'w herbyn ... Mae llawer o'i phlant wedi unwaith ymadael â hi, yn lle cwyno a hiraethu ar ei hôl, gan gofio ei mwynder a'i charedigrwydd, yn cywilyddio ei harddel. Maent yn ymadael â hen Gymru ag iaith lân yn eu geneuau, ond yn dyfod yn ôl fel yr afradlon gynt, yn noethion – heb un iaith!! Teulu Dic Siôn Dafydd yw y rhai hyn! Balchder yw eu dechreuad, a chywilydd fydd eu diwedd ..."

Dim ond diweddaru rhyw ychydig ac fe ellid defnyddio anerchiad Daniel Ddu heddiw eto. Y mae'r sefyllfa ynglŷn â'r iaith yn ddychrynllyd o debyg – yr un peryglon, yr un gelynion a'r ychydig bach yn poeni am ei dyfodol.

Yn y cymdogaethau hyn y mae tylwyth o bobl yn byw, ac fe'u hadnabyddir yn gyffredin wrth yr enw 'Gwyddelod bro Gwenog'. Dywed traddodiad gwlad fod yr hen Ddafis, tad y llwyth, wedi dod yma i ddechrau i Grygywhîl – fferm fawr ar lan Teifi, oesau'n ôl. Does neb a ŵyr o ble y daeth, ond credir ei fod yn eithaf cyfoethog ac awgrymai rhai mai hen fôr-leidr ydoedd, a barnai eraill mai Gwyddel ar ymgil o'i wlad ydoedd oherwydd rhyw ddrwg a wnaethai. Ac mae stori eitha tebyg i honna ar gerdded yn y Bont hefyd a dywedir i Mr Brooks, pwy bynnag oedd e, ddod i Ffair Rhos a sefydlu llwyth didoriad, 'Fe ddath mewn cwch bach, ond âi fe ddim nôl â nhw yn y

Queen Mary.' Fuodd fowr o raen ar Ffrwcsod Ffair Rhos, ac 'un ohonyn nhw oedd y sefydlydd,' meddai'r tafodau eiddigeddus.

Tylwythau amheus neu beidio, y mae'n hen bryd i ni edrych yn fanylach ar y Teifi ac ar y pysgod sydd yn ei gwneud hi mor atyniadol i'r sawl sydd â hawl i chwipio'i dŵr. 'Hawl' yw'r gair pwysicaf yn y cyswllt hwn ac y mae'n anhygoel bod miloedd o bunnoedd yn cael eu rhoi yn gyson am hawliau pysgota.

Felly y mae'n ofynnol i ddyn berthyn i glwb neu gymdeithas bysgota sydd yn ddigon cefnog a pharod i gystadlu â'r unigolion ariannog (diwydianwyr o Ganoldir Lloegr yn aml) sy'n barod i brynu a llyncu hawliau. Os na all clwb gystadlu yn y farchnad agored, marw mas fydd ei hanes e toc. Da oedd clywed i Glwb Pysgota Llandysul brynu darn o'r Teifi am ddeng mil, ac yn ffodus fe ddeil rhai ffermwyr i osod eu tir i glybiau pysgota lleol gan ddiystyru prisiau gwell gan ddieithriaid. Bendith arnynt hwythau bob un.

Y mae'r eog yn bysgodyn arbennig oherwydd medr fyw mewn dŵr ffres a dŵr hallt. Yn yr afon y caiff ei fagu; yn y môr y treulia y rhan fwyaf o'i fywyd gan ddychwelyd yn ei bryd i'r afon i 'godi teulu'.

Yn yr Hydref bydd y gwryw a benyw yn chwilio am ddarn o raean i gladdu eu hwyau. Bydd yr iâr yn torri twll â'i chynffon yn y graean ar waelod y pwll ac yna gosod yr wyau ynddo. Daw'r gwryw i'w ffrwythloni, ac yna fe'u cleddir. Gwaith y ceiliog yw cadw'r aflonyddwyr o diriogaeth yr iâr a'r wyau. Saif yno o gwmpas y cladd ymhell ar ôl i'r iâr gilio.

Wedi i'r wyau fod yn y graean am bedair i bump wythnos dechreuant ddatblygu. Gwelir dau lygad du i ddechrau, ac ymhen tua chan niwrnod (mae llawer yn dibynnu ar y tywydd), daw y samwn bach allan o'r wyau gerfydd eu cynffonnau. Ynghlwm wrth ei gorff y mae pwrs sy'n llawn o fwyd – digon i'w gadw am hanner can niwrnod. Er mwyn osgoi ei elynion yr adeg yma bydd yr eog yn cymeryd gwisg o'r un lliw â'i amgylchedd.

Yr adeg yma byddant yn byw yn union yr un fath â'r brithyll ac yn bwyta bwyd a gânt yn yr afon. Wedi dwy flynedd byddant tua chwe modfedd o hyd.

Yn awr maent yn barod i'w taith i'r môr. Gofala natur amdanynt eto trwy roi côt newydd iddynt, côt arian a gwasgod olau. Yn y wisg hon ânt i'r môr ac mae eu hanes yno yn ddirgelwch hyd yn hyn.

Yn y môr tyfant yn gyflym iawn. Daw rhai ohonynt yn ôl ymhen pymtheg mis a byddant yn pwyso pedwar i bum pwys. Saif y mwyafrif yn y môr am ddwy neu dair blynedd, ac yna dônt yn ôl i'r afon yn pwyso o wyth pwys i fyny.

Daw yr eog yn ôl i'r afon lle'i ganwyd, a chenhedlu yw ei unig bwrpas. Nid oes unrhyw amser arbennig iddynt ddychwelyd, ond y rhai sy'n dod nôl yn y Gwanwyn a gaiff y sylw pennaf. Mae natur unwaith eto mor ddoeth ag erioed. Nid yw'r eog yn bwyta fawr o werth unwaith y daw i'r afon. Onibai am hyn byddai'r un mawr yn bwyta'r bwyd i gyd yn yr afonydd a'r rhai bach yn clemio. Byw ar y bloneg a gasglodd pan oedd yn y môr a wna. Nid oherwydd fod arno eisiau bwyd y cwyd at abwyd, ond ei gywreinrwydd sydd yn ei drechu, a chred rhai pysgotwyr profiadol y gall unrhyw dwpsyn ddal samwn.

Nepell o Lanybydder yr oedd plasty Llan-fechan, a chanol y ddeunawfed ganrif yr oedd un o Lwydiaid y plas yn hela ar fynydd Llanybydder, ac wrth hela fe gollodd ei oriawr. Ddechrau'r bedwaredd ganrif ar bymtheg roedd yr hen Ddafydd Wiliam newydd gael colled gas. Roedd dwy o'i fuchod wedi trigo'n sydyn. Eisteddai yn ei gwrcwd o flaen y tân mawn. Aeth allan i gael rhagor o fawn, ac wrth roi'r rheini ar y tân, beth welodd e gyda'r llithrod yn nhîn y bwced ond wats aur 'rhen sgweier yn gwenu arno yn fflamau'r tân. Fuodd e byw'n hapus fyth wedyn? Wyddom ni ddim, ond mae'n dda clywed am rai storïau â diweddglo hapus hyd yn oed yn y bedwaredd ganrif ar bymtheg.

Ar ymyl y ffordd ym Mhencader fe welwn y garreg a osodwyd i goffáu 'Hen Ŵr Pencader' a fynegodd ei ffydd yn nyfodol ei genedl mewn geiriau cofiadwy a groniclwyd gan Gerallt Gymro. Pan ofynnodd Harri i'r hen ŵr bach beth feddyliai am ei fyddin a gallu Cymru i wrthsefyll yr ymosodiadau arni, atebodd:

AWDURDOD AFONYDD Y DE ORLLEWIN

Y mae'n cynnwys siroedd Aberteifi, Caerfyrddin, Penfro a rhannau o Frycheiniog, Trefaldwyn a Morgannwg.

TYMORAU PAN NA FYDD PYSGOTA
Samwn a brithyll ymfudol (sewin) â gwialen a lein y tymor lleol i beidio â physgota yw rhwng Hydref 7 a Mawrth 10 oddigerth ar y Cleddau Orllewinol (rhwng Hydref 7 a Chwefror 1). Brithyll y tymor lleol i beidio â physgota yw rhwng Medi 30 a Mawrth 10.

TRWYDDEDAU:
Rhydd yr Awdurdod bedwar math o drwydded
Samwn, sewin, brithyll
Gwialen sengl a lein am y tymor £2 - 5 - 0
Gwialen sengl a lein am wythnos o saith diwrnod olynol £1 - 0 - 0
Gwialen sengl a lein am y tymor ar gael yn y rhanbarth i gyd oddigerth afonydd Tywi, Cothi, Tâf, Cleddau Dwyreiniol, Cleddau Orllewinol, Hafren, Teifi a Rheidol £1 - 5 - 0
Gwialen sengl a lein am wythnos yn y rhanbarth i gyd oddigerth afonydd Tywi, Cothi, Tâf, Cleddau Ddwyreiniol, Cleddau Orllewinol, Hafren, Teifi a Rheidol i lawr o argae Nant-y-Moch 10s. -0
Gwialen sengl a lein i bysgota brithyll yn argae Aberffrwd 15s. - 0
Gwialen sengl a lein i bysgota brithyll a sewin (nid samwn) am dymor – plant yn unig 5s. - 0

Nid oes eisiau trwydded ar gyfer pysgota cwrs (coarse fishing)

"Ei gorthrymu, yn wir, ac i raddau helaeth iawn ei distrywio a'i llesgáu drwy dy nerthoedd di, o frenin ac eiddo eraill, yn awr megis gynt a llawer gwaith eto tan orfodaeth ei haeddiannau, a ellir â'r genedl hon. Yn llwyr, fodd bynnag, trwy ddigofaint dyn, oni bo hefyd ddigofaint Duw yn cyfredeg ag ef, ni wneir ei dileu. Ac nid unrhyw genedl arall, fel y barnaf fi, amgen na hon o'r Cymry, nac unrhyw iaith arall, ar Ddydd y Farn dostlem gerbron y Barnwr Goruchaf, pa beth bynnag a ddigwyddo i'r gweddill mwyaf ohoni, a fydd yn ateb dros y cornelyn hwn o'r ddaear."

(cyfieithwyd o'r Lladin gan yr Athro Thomas Jones)

'Oes 'na gystal derw â deri Gwernmacwydd?' oedd y cwestiwn. Yr oedd tir y plas yn enwog am ei dderw bras, a phan ddaeth Twm o'r Nant i Dde Cymru i ennill ei fywoliaeth wrth gludo coed, yn naturiol ddigon fe ddaeth mewn dim o dro yn gydnabyddus â Gwernmacwydd. Gŵr a berthynai i Bencader (fe'i ganwyd yn Llandysul) ac i'r Dadeni Dysg yng Nghymru oedd Iaco ap Dewi (1648–1722). Ysgolhaig meudwyaidd, cyfieithydd *Taith y Pererin*, copïwr a chasglwr llawysgrifau wrth ei broffesiwn, a thystiai Moses Williams i Iaco ap Dewi helpu Stephen Hughes i gasglu penillion y Ficer Pritchard.

Cyfraniad gwahanol, a dweud y lleia', oedd cyfraniad un arall â chysylltiadau â Phencader. Bu'r Parch. Idwal Jones (Llanrwst) yn weinidog yr Annibynwyr ym Mhencader a gŵyr plant Cymru – y rhai oedd yn blant (ym mhedwardegau'r ugeinfed ganrif) – am greadigaeth fawr Idwal Jones – neb llai na Gari Tryfan ei hun ac Alec ac Elen a'r dyhirod y bu'r tri yn eu herlid a'u maglu ar 'Awr y Plant' 5.15 p.m. brynhawn Mawrth. Heblaw ysgrifennu cyfresi o 'S.O.S. Galw Gari Tryfan', tynnu lluniau, darlithio a phregethu, fe sefydlodd Idwal Jones wasg newydd sbon ym Mhencader sef Gwasg yr Aradr, ond ar lannau Teifi doedd Gwasg ddim mor ddieithr â hynny. Gwasg Isaac Carter yn Atpar (Trefhedyn) oedd y wasg gyntaf yng Nghymru a phwy o ddarllenwyr Cymru na chlywodd am Wasg Gomer y Mri Lewis yn Llandysul.

Saif Llandysul mewn llannerch gysgodol ar lan Teifi. Dywed rhai fod Tysul Sant y cysegrwyd yr eglwys leol iddo yn gefnder ar ochr ei dad i Dewi Sant. Sefydlwyd yr eglwys gyntaf rywbryd yn y chweched ganrif, a beth bynnag am eu hachau, perthynai Tysul a Dewi i ddeffroad crefyddol y chweched ganrif.

Ym mhen isa'r dref y mae'r hen bont gyda'i bwa crwmaog yn asio Ceredigion a Chaerfyrddin. Safai'r bont gyntaf i gyd yn yr un fan â'r un bresennol; ond yn amser y Rhyfel Cartref tynnwyd y bwa agosaf at sir Gaerfyrddin i lawr er mwyn rhwystro Oliver Cromwell i'w chroesi. Pan adeiladwyd y bont yn 1837 cafwyd bwled drom yn y bwa canol. Croesodd y milwyr drwy ryd gyfagos a 'Rhyd y Milwyr' y gelwir honno hyd heddiw. Pan glywodd Llwyd o blas y Faerdref fod y milwyr wedi croesi'r afon torrodd ei wddf ag ellyn gan ddewis marw yn hytrach na byw dan lywodraeth Cromwell.

Heddiw ar ôl dringo'r rhiw serth o ganol y dref, down at yr Ysgol Uwchradd, a chyda phob dyledus barch i'r holl ddisgyblion disglair eraill a fu'n astudio ar ben y rhiw, am un yn unig y soniwn y tro hwn – am Evan James Williams. Dyma un o wyddonwyr mawr yr ugeinfed ganrif ac un a wnaeth gymaint o gyfraniad â neb i'n gwybodaeth am gnewyll atomau. Mab i saer maen o Lanwenog oedd e, a'i fam yn perthyn yn bur agos i Frank Lloyd Wright y pensaer byd enwog.

Ganwyd E. J. Williams yn 1903 a phan oedd e yn Nosbarth 1 yn yr Ysgol Sir gwyddai gymaint o fathemateg â disgyblion y chweched ac mewn dim o dro nid oedd gan ei athro ychwaith ddim i'w ddysgu iddo. Pwtyn byr, pryd tywyll oedd e, ac oherwydd ei fod mor fach y galwodd y plant eraill ef yn Decimal a 'Desi' a fu ei enw wedyn i bawb o'r to hwnnw yn yr ysgol.

Gwelodd hysbysiad am arholiad ysgoloriaeth i Goleg Technegol Abertawe (a ddaeth yn rhan o Brifysgol Cymru ym 1920) yn y papur newydd ryw noson a chyrchodd ei frawd ef i Abertawe ar ei foto beic dros nos, er mwyn iddo eistedd yr arholiad. Enillodd yntau'r ysgoloriaeth fel y gellid disgwyl. Graddiodd mewn gwyddoniaeth, gan ennill cymrodoriaeth, ym Mhrifysgol Cymru. Aeth i Fanceinion, o dan yr Athro W. L. Bragg, lle y gwnaeth ei arbrofion cyntaf o bwys mewn ffiseg arbrofol, yn astudio ffawd pelydrau-x mewn nwyon, ac y cafodd radd Ph.D. Cafodd ysgoloriaeth i Gaer-grawnt, i weithio yn un o labordai ffisegol enwocaf y byd, y Cavendish, o dan Arglwydd Rutherford, prif awdurdod ei ddydd ar yr atom. Cafodd Ph.D. Caer-grawnt a D.Sc Cymru am ei waith. Yn 1933 yr oedd yn Copenhagen, wrth droed un arall o gewri ffiseg, Niels Bohre, ac yno y sylweddolwyd ei allu arbennig fel damcaniaethwr. Bu'n ddarlithydd ym Mhrifysgol Manceinion, a threuliodd flwyddyn fel prif ddarlithydd o dan Chadwick, y gŵr a ddarganfu'r niwtron, ym Mhrifysgol Lerpwl. Penodwyd ef yn 1938 yn Athro Ffiseg yng Ngholeg y Brifysgol Aberystwyth. Etholwyd ef yn Gymrawd o'r Gymdeithas Frenhinol F.R.S.) ym 1939. Yr haf hwnnw treuliodd dipyn o'r amser ym Mhrifysgol Michigan. Bu farw gartref yn Llanwenog fis Medi 1945 yn 42 oed.

Cyfrifir E. J. Williams yn un o ffisegwyr blaenaf y ganrif. Nid yn aml y cyfrifir y damcaniaethwr a'r arbrofwr yn yr un dyn, ond yr oedd ef yn un o'r ychydig rheini, er mai fel damcaniaethwr yr enwogodd yntau ei hun. Yr oedd ganddo amgyffred clir o broblemau ffiseg a llwyddai i ddadansoddi'r problemau hynny heb ond ychydig o fathemateg.

Pe bai wedi cael byw yn hwy (y pelydrau gwenwynllyd a'i lladdodd) fe fyddai Desi, crwtyn y saer maen o Lanwenog, wedi ennill, yn ddiamau, un o wobrau Nobel.

Dychwelwn at yr afon, ac er edrych eisoes yn lled fanwl ar yr eog, galwn yn neorfa'r samwn yn Nolbantau. Cyn i Awdurdod Afonydd De a Dwyrain Cymru brynu'r lle, hen felin wlân yn adfeilio oedd yn Nolbantau ar lan afon Cletwr.

Soniem gynnau am y samwn yn dychwelyd o'r môr i ddodwy ac yna fe godwyd argae ar yr afon i'w rwystro rhag mynd ymhellach. Yn hytrach na mynd dros y wal, oherwydd gwyddai'r rhai a gynlluniodd y lle nad yw hynny'n bosibl i samwn hydref yn llawn o gronell, fe'i hudir ar hyd sianel gul i drap pwrpasol.

Caiff yr iâr ei dal a'i godro o'i hwyau. Dyma gannoedd o wyau bach melyngoch yn saethu ohoni i mewn i badell sydd o dan y fainc. Wedi gorffen â hi, fe'i rhoir yn ôl yn yr afon yn denau a llesg. Yna delir un gwryw a gadewir i laeth y ceiliog gymysgu â'r wyau yn y badell er mwyn eu ffrwythloni. Dygir yr wyau ffrwythlon i'r ddeorfa. Gosodir hwy mewn trei hir ac fe'u golchir a'u dethol. Gwaredir pob wy drwg, a rhaid gofalu na ddaw llwydni yn agos atynt. Rhed dŵr glân yn gyson drwy'r cafnau sy'n dal y trei, ac y mae'n ofynnol cael dŵr glân heb fawr o newid yn ei dymheredd. Gall newid sydyn eu didfetha nhw bob un.

Yn ôl yr arolygwr, y mae 98 y cant o'r wyau hyn yn deor yn samwn, ond yn yr afon dim ond 4 y cant o'r wyau sy'n deor. Unwaith y bydd y rhai bach yn barod ac unwaith y sicrheir eu bod yn iach, cânt eu dosbarthu i atgyfnerthu afonydd De Cymru, a chyn hir bydd llawer o'r afonydd sydd wedi bod gyhyd yn gwteri brwnt yn cael eu glanhau, a samwn bach Dolbantau a roir ynddynt i'w gwneud yn 'afonydd samwn' o'r newydd.

Hen felin wlân yn adfeilio oedd yn Nolbantau, ac y mae llaweroedd o rai tebyg iddi ar lannau Teifi. Erbyn hyn, 1968, saith o felinau gwlân sy'n gweithio ym masn y Teifi, a dyma restr ohonynt: Wernant, Llanybydder; Rhyd-y-bont, Llanybydder; Rock Mills, Capel Dewi; Alltcafan Mills, Pentrecwrt; Derw, Pentrecwrt; Cambrian Mills, Drefach a Dyffryn Mills, Drefach.

Tua 1951, yr oedd 65 o ffatrïoedd gwlân yng Nghymru a 27 ohonynt yn Nyffryn Teifi. Tua chanol yr ugeinfed ganrif fe gaeodd 20 ohonynt, a does fawr o obaith yr agorir eto yr un ohonynt. Efallai mai tuedd y melinwyr i sefyll yn eu hunfan oedd wrth wraidd y drwg. Nid oeddynt yn orawyddus, greda i, i arbrofi ac i wella eu cynlluniau a'u lliwiau. Y mae'n ofynnol i wŷr busnes gadw eu llygaid ar agor led y pen, ac y mae'n rhaid i felinwyr ddal ar gyfeiriad y gwyntoedd cyfnewidiol ym myd ffasiwn.

Rhwng 1850 a 1900 y sefydlwyd melinau gwlân Glan Teifi. Cyn hynny glannau Hafren a Dyfrdwy oedd yn bell ar y blaen, ond erbyn troad y ganrif roedd pethau wedi newid a dyma frawddeg neu ddwy o *Hanes Plwyf Llangeler a Phenboyr*, Daniel Jones: 'Mae'n amheus a oes unrhyw ddau blwyf arall yng Nghymru â chymaint o ffatrïoedd ag sydd yn y ddau blwyf yma. Nid oes braidd ysmotyn ar lan afon ynddynt lle y gellir yn gyfleus osod ffatri na melin ychwanegol.'

Does yr un o'r saith melin yn dibynnu'n llwyr ar yr afon neu'r nant am ei phŵer heddiw. Ychydig o alw sydd ynddynt am wlân Cymru ar ei ben ei hun, fe'i cymysgir â gwlân Halifax, Worcester, Caer a Bradford. Cynhyrchant wlanenni, blancedi, brethynau ac edafedd. Nid ydynt i gyd yn lliwio'r gwlân eu hunain. Anfonant ef i ffwrdd i gael ei liwio tra mae'r lleill yn prynu'r defnyddiau ac yn gwneud y gwaith eu hunain.

Yn oes y car modur a'r chwilio am gilfachau tawel nid ydynt mor ddiarffordd â chynt ac yn ystod misoedd yr haf cânt ymwelwyr a chwsmeiriaid o bell. Onid y Cymry eu hunain sydd fwyaf amharod i gefnogi eu diwydiant lleol. Mae dyfodol y saith yn dibynnu ar nifer o ffactorau gan gynnwys mympwyon pobl y ffasiynau.

Yng Nghwmwd Uwch Cuch y saif Castell Newydd Emlyn neu Ddinas Emlyn yn ôl yr hen lawysgrifau. Y mae olion y castell mewn mangre fanteisiol ar gwr y dref a'r Teifi yn ymddolenni ar y tywotir oddi tano.

Yn amser Harri VIII fe roddwyd y castell i Rys ap Tomos o Ddinefwr yn wobr am ei wroldeb ym Mrwydyr Maes Bosworth (1485). Y pryd hynny yr adeiladwyd y castell y gwelwn ei olion ger y dref heddiw – hwnnw oedd y castell newydd. Tybed ai ar safle'r hen

Olion y Castell – Castell Newydd Emlyn

gastell y codwyd y newydd. Dienyddiwyd Rhys ap Gruffydd, wŷr i Rys ap Tomos gan Harri VIII a daeth ei diroedd i ddwylo Fychaniaid y Gelli Aur, a bu'n gadarnle i ŵyr y Brenin yn ystod y Rhyfel Cartref.

Yn ôl yr hanes bu Llywelyn ap Gwilym Fychan ewythr Dafydd ap Gwilym yn gwnstabl y castell (1343) a threuliodd y bardd ifanc lawr o'i amser yn y castell hwn gyda'i ewythr. Dyna mae'n debyg pam y galwyd ef o dro i dro yn 'Eos Dyfed', 'Dewi Dyfed' a 'Bardd Glan Teifi'.

Wedi 1282 a chwymp y Llyw Olaf bu dirywiad yng ngwaith y beirdd a bu'r hen gelfyddyd farddol ar fin mynd yn angof y tu hwnt i ffiniau Morgannwg, Môn a Cheredigion. Drwy ymdrechion Ifor Hael o Faesaleg a Gwilym Fychan rhoddwyd bywyd a gobaith newydd i'r beirdd. A gellir ystyried Dafydd ap Gwilym fel cynnyrch cyntaf y deffroad hwnnw.

Amhosibl yw meddwl am ddyffryn Teifi heb ei ymneilltuaeth – heb y Bedyddwyr a Christmas Evans heb y 'Smotyn Du' a'r Parch. Jacob Davies, Alltyplacca.

Yng nghylch Llandysul, er enghraifft, gwreiddiodd ymneilltuaeth yn fore, ac yr oedd yma Ymneilltuwyr yn siŵr iawn mor fore ag amser Cromwell. Mae'n bosibl mai'r Parch. Stephen Hughes 'apostol Sir Gaerfyrddin' a ddechreuodd bregethu'r Efengyl i'r werin bobl a ddeuai ynghyd i wrando arno y tu fas i'r eglwysi sefydledig yn yr ardaloedd hyn.

Ym 1650 yr oedd disgyblion i Stephen Hughes yn cwrdd â'i gilydd yn ardal Pencader ac yr oedd ymneilltuwyr ardal Llandysul o dan ei ofal o 1661–1688. Tua 1698 addolent yn yr allt dderw ger ffermdy Pantgwyn a symudwyd wedi hynny i Bantcreuddyn ar dir Gelli Hafren lle buont yn addoli am bedwar ugain mlynedd. Oddi yno symudodd un gangen i Horeb ger y ffordd sy'n arwain o Landysul i'r Ceinewydd a'r llall i Lwynrhydowen ar lan y Cletwr.

Coleddai Stephen Hughes syniadau parchus am yr Eglwys Sefydledig ac yn ei ragymadrodd i 'Lyfr y Ficer' dywed:

"Rwyf yn pregethu ei hathrawiaeth
Er na charaf mo'i dysgeidiaeth."

Un tro ar ôl clywed cloch y llan yn ei wahôdd, fe ildiodd Stephen Hughes am y tro ac ymunodd â'r addolwyr yn y llan. Digiodd llu o'i ganlynwyr am iddo wneud y fath beth ac yn eu plith yr oedd T. D. Rees o'r Moeddyn Fawr ym mhlwyf Llanarth. Ymneilltuodd Rees ac ymunodd â'r ychydig Fedyddwyr a addolai yn Rhydwilym. Corfforwyd eglwys yn Rhydwilym ym 1688. Yr oedd ganddynt ffordd bell i fynd yno a phenderfynodd T. D. Rees gynnal gwasanaeth yng Nglan-dŵr yn Nyffryn Cletwr Fach plwyf Llandysul. Ffurfiwyd eglwys yno ym 1696 – yr eglwys Fedyddiedig gyntaf yng Ngheredigion.

Yr oedd rhai o'r offeiriaid yn ceisio tynnu'r werin bobl yn nes at yr eglwys. Dyna yn eu gwahanol ffyrdd a wnâi Gruffydd Jones Llanddowror, Daniel Rowland Llangeitho, Howel Harris Trefeca a William Williams Pantycelyn. Yr oeddynt yn barod i gynnal gwasanaeth tu mewn neu du allan i'r llan. Rhyngddynt cychwynasant y mudiad newydd a dyfodd yn enwad y Methodistiaid Calfinaidd. Arhosodd y mudiad oddi mewn i'r Eglwys hyd 1811.

Erbyn diwedd y ddeunawfed ganrif yr oedd mwyafrif pobl Ceredigion naill ai yn Fethodistiaid, neu'n Fedyddwyr neu'n Annibynwyr, oherwydd y diwygiad ysgubol hwn.

Dau enwad arall a geid yn y sir oedd yr Undodiaid a'r Wesleiaid. Yn Llwynrhydowen, dan arweiniad Jenkin Jones, David Lloyd a Dafydd Dafis Castell Hywel y cychwynnodd Undodiaeth yng Nghymru. Ar ddiwedd y ddeunawfed ganrif dychwelodd Charles, mab David Lloyd o Lundain i'w hen gartref a chafodd ei bregethu gymaint o ddylanwad yn nyffryn Teifi nes troi'r mwyafrif o'r Ymneilltuwyr, o Landysul i Lanbedr ac i gyfeiriad Dyffryn Aeron, yn Undodiaid. Dodwyd yr enw 'Smotyn Du' ar yr ardal hon gan yr enwadau eraill, am mai yno y collent fwyaf o'u haelodau, a saif Capel y Drindod o hyd i'n hatgoffa o'r frwydr rhwng yr enwadau. Yn y Cribyn y sefydlwyd y capel llwyr Undodaidd cyntaf yng Nghymru, ym 1790, a thrôdd nifer o gapeli at yr enwad newydd. Erbyn 1846 yr oedd Undodiaeth wedi gwreiddio'n gadarn yn ardal Llandysul ac wedi hynny ymdaenodd lawer yn y rhan honno o'r sir.

Ar un adeg yr oedd cyflwr yr Eglwys yn y ddeunawfed ganrif yng Nghymru yn destun cyfarwydd yn y cwrs Hanes a'r arholwyr trwy lwc yn gosod cwestiwn arno'n eithaf cyson. Rhwng popeth a'i gilydd, yr oedd pethau'n go ddrwg, a heblaw am rai llygedynnau yma a thraw, darlun tywyll dychrynllyd a gyflwynid.

Doedd pawb ddim wedi eu llygru o bell ffordd, a hyd yn oed y pryd hynny, yr oedd rhai yn awyddus am grefydd. Yn Nyffryn Teifi yn arbennig iawn byddai'r rhai mwyaf abl yn cyfansoddi emynau a cherddi syml i gyflwyno'r Ysgrythurau i'w plwyfolion. Cadwyd amryw ohonynt, ac y mae ynddynt ddarlun diddorol, os anghyflawn o fywyd crefyddol un o ardaloedd Cymru ar ddechrau'r ddeunawfed ganrif. Yr un patrwm yn fwy aml na pheidio oedd iddynt, ac un hefyd oedd neges yr halsingau gan mwyaf sef mynegi mai sicr yw barn, mai disyfyd y daw angau, a bod angen edifarhau. Cenid rhai halsingau adeg y Nadolig ac yr oedd hefyd halsingau addas i'w canu wrth gadw gwylnosau ac ati.

O Gastell Newydd Emlyn i Genarth; a sefyll gyda dau ymwelydd cynnar i wylio'r Teifi yn colli ei thymer ar y graig fawr acw. Er na welaf yr un, yr ydym ym mro'r cwrwgl – yr hynaf o gychod, a dolen bendant rhyngom â'r gorffennol pell. Does neb yn siŵr iawn pryd y dechreuwyd gweithio cwrwgl ond credir bod cychod wedi eu plethu o wiail a'u cuddio â chrwyn yn hwylio ar hyd afonydd a glannau Gogledd Ewrop bedair mil o flynyddoedd yn ôl. Tystiolaeth sicr o'u heffeithiolrwydd yw'r ffaith eu bod i ryw raddau beth bynnag yn cael eu defnyddio o hyd. Maent hefyd yn rhad, yn ysgafn ('Llwyth dyn ei gwrwgl' meddai'r hen air) a gellir mynd â chwrwgl drwy rwystrau ac ar ddŵr bas yn eithaf didrafferth.

Gwelodd Julius Caesar gwryglau ym Mhrydain yn 56 OC a chopïodd y patrwm er mwyn i'w filwyr ddefnyddio rhai tebyg yn Sbaen. Ganrif yn ddiweddarach ac y mae Pliny yn ei 'Natural History' yn sôn am y cwrwgl ac am y defnydd a wneid ohonynt yn y fasnach alcam yng Nghernyw. 'Boats of osiers covered with sewed hides,' meddai amdanynt.

Ym mucheddau'r Saint Celtaidd sonnir am y cwrwgl ar fordeithiau i Brydain, i Iwerddon a'r Cyfandir, ac yn y 'Mabinogion'

Llwyth Dyn ei Gwrwgl

ceir hanes am roi'r brenin Taliesin pan oedd e'n faban mewn rhywbeth tebyg iawn i gwrwgl, ac fel y safodd e ar geg yr afon Dyfi. Gwelodd Gerallt Gymro gwryglau yn ystod ei daith drwy Gymru ym 1188. Fe'i defnyddid medde fe i bysgota ac i groesi'r afonydd. Soniodd am y defnyddiau oedd ynddynt a gwelodd wŷr yn eu cario fel cregyn ar eu cefnau.

Hyd yn oed heddiw ni cheir hwylusach cwch na'r cwrwgl ar ddŵr bas ond gwae'r un anghyfarwydd. Yn nwylo'r dysgwr mae mor wyllt â cheffyl ifanc, yn prancio a neidio a chilio'n ddirybudd o dan eich traed. Cred y rhai cyfarwydd y dalant ragor o bysgod o gwrwgl nag wrth gerdded y gwely neu'r lan.

Mae'r patrymau'n amrywio rhyw gymaint o afon i afon, a fynychaf, natur yr afon i raddau sy'n penderfynu'r patrwm. O onnen y gwneir cwryglau Sir Gâr, ond helyg a ddefnyddir ar lan Teifi. Credir mai cwrwgl Teifi yw'r hynaf ohonyn nhw i gyd a does ynddo ddim byd nad oedd wrth law yn y cyfnodau cynharaf.

Gall cwrwgl amrywio yn ôl dewis neu faint y perchennog, ond 4½ troedfedd o hyd a 3 troedfedd a 3 modfedd o led yw'r ffigurau arferol, a phan fydd yn newydd fe fydd yn pwyso 26 pwys. Pery am flwyddyn a rhagor os edrychir ar ei ôl yn iawn. Y mae'r rhifau sydd wedi eu paentio ar eu hochrau yn ein hatgoffa wrth gwrs ei bod yn ofynnol cael trwydded i drullo (trawl) â rhwydi (i saethu rhwydi mân i ddefnyddio iaith y cyfarfwydd) a chyfyngir ar rif y cwryglwyr. O Lechryd i fyny ni roir trwyddedau i unrhyw un newydd, a dim ond un pâr o gwryglwyr sydd ar ôl yno erbyn hyn. Pan fydd un o'r rheini'n cwpla dyna ddiwedd arni, achos y mae'n ofynnol cael dau gwrwgl i bysgota â rhwyd. Ar y Teifi, Tywi a Thaf (Sir Benfro) yn unig y caniateir pysgota â rhwydi.

Tynnir y rhwyd i lawr gyda'r lli rhwng dau gwrwgl. Bydd y cwrwglwr yn dal pen y rhwyd ag un llaw ac yn llywio gyda'r llall. Pan fydd pysgodyn yn y rhwyd, tynn un yn galed a chyflym ymhen y rhaff nes bydd y rhwyd yn ffurfio'n rhyw fath o boced sy'n cau am y pysgodyn. Ar unwaith bron daw'r ddau gwrwgl ynghyd, tynnir y pysgodyn allan a bydd 'pren pysgod' wrth law (pren pwrpasol i daro'r pysgodyn yn ei ben) ac eir ati drachefn i bysgota lawr yr afon.

Cyn symud o Genarth, ni allaf osgoi dyfynnu un o gerddi T. Llew Jones yn ei chrynswth. 'Y Cwrwgl' yw ei theitl, ac fe deimlais innau'n bur debyg i'r bardd rôl crwydro glan yr afon a darllen wedyn am yr ymwelwyr a'r brwydrau a fu y ffordd hyn slawer dydd.

Y Cwrwgl

Oedodd canwriaid Rhufain uwch yr afon
I wylio'r gŵr llygatddu'n trin ei rwyd
A gwelodd naid y gleisiad uwch y gored
A'r cwch yn rhoncio yn y dwfr llwyd.

Safodd y Sais ffroenuchel ar bont Cenarth
Â'i lygaid gwancus ar y fro ddi-stŵr;
A gwelodd yntau ŵr mewn cwrwgl bychan
Yn bwrw'i fach a'i rwyd i'r pyllau dŵr.

Oedodd y Norman ar ei ffordd i Benfro,
Heb weled tlysni'r geulan dan ei droed,
A synnodd yntau at ddeheurwydd mentrus
Y gŵr a fwriai'i rwyd o dan y coed.

Bu hir gyniwair dros y bont yng Nghenarth,
A darfu rhyfyg llawer treisiwr hy;
Ond gwelir eto'r gŵr sy' biau'r afon
Yn trin celfyddyd hen y cwrwgl du.

'Gleisiad' yw samwn ifanc ac nid 'sewin' fel y tybia rhai. Brithyll môr yw'r 'sewin' neu'r 'penllwyd' fel y'i gelwir y ffordd hyn. Synnais hefyd glywed y bardd yn sôn ddwywaith am 'fwrw' rhwyd, 'saethu' rhwyd yn siŵr iawn a wna pysgotwyr y cwryglau. Yn anaml hefyd y sonnir am y 'brithyll' neu'r 'brudyll' – 'pysgod bach' yw enw pysgotwyr Aberteifi ar y brithyllod. 'Y pysgod mawr' yw'r eogiaid a'r sewin.

Pont Cenarth

> 'Pwyll, Pendefic Dyfet a oedd yn arglwyd ar seith cantref Dyfet. A threigylgweith yr oed yn Arberth, prif lys idaw, a dyfot yn y fryt ac yn y fedwl fynet y hela. Sef Kyfeir o'y gyfoeth a fynnei y hela, Glynn Cuch. Ac ef a gychwynnwys y nos honno o Arberth, ac y doeth hyt ym Penn Llwyn Diarwya, ac yno y bu y nos honno.'

Fe ŵyr y cyfarwydd mai llinellau agoriadol cainc gyntaf y 'Mabinogi' (Pwyll Pendefig Dyfed) yw'r uchod, a dyma ninnau wedi cyrraedd pentre bach Abercuch mewn gwlad las a choediog. Mae 'hud ar Ddyfed' a synnwn i ddim gweld Pwyll yn dod i'r golwg unrhyw funud.

Mae'r Teifi yn gorweddian a throlian rhwng y perthi, a bu adeg pan oedd pysgota'n rhan o fywoliaeth gwŷr y pentref. Dyma ddyfyniad gogleisiol o lyfr 'log' yr ysgol leol:

> 'Feb 4 1884 ... The fishing season having commenced many children are kept at home to take food to the rivers for their father or brothers.'

Arferai'r plant hefyd yn y cyfnod hwn fynd i'r gelltydd i risglo coed, a defnyddid y rhisgl i liwio rhwydi pysgota. Gwŷr y wlad o Benfro i Sain Ffagan am grefftwaith coed Aber-cuch mewn llwy, lletwad a ffiol a dywedir i'r grefft gyrraedd y llecyn hwn (o'r Swistir) oesoedd yn ôl. Crefft hŷn nag Oes yr Haearn ydyw. Y mae Dafisiaid enwog Glan-cuch wedi cwpla gweithio'u crefft, ond perthynas agos iddyn nhw oedd yn arfer gofalu am y turnio yn yr Amgueddfa Werin yn Sain Ffagan ar un adeg.

O Aber-cuch i Fanordeifi lle mae eglwys o'r XII ganrif a lle bu Alun (John Blackwell) (awdur 'Cân i'r Eos' a cherddi eraill) unwaith yn gweinidogaethu. Erbyn heddiw fodd bynnag y mae'r eglwys yn adfeilion, ond bob blwyddyn cynhelir cyrddau diochgarwch am y cynhaeaf yn ei mynwent. A gynhelir cyfarfod diolcharwch mewn mynwent rywle arall wn i? Mae'n amheus a dweud y lleia, ond lle felna yw Manordeifi.

Llwyddodd y Normaniaid (Iarll Roger Montgomery a Huw ei fab

yn arbennig) i goncro Ceredigion o un pen i'r llall erbyn 1093, ac yr oedd Brwydr Llechryd yn un o frwydrau mwyaf chwyrn y cyfnod hwn. Nid ar bont Llechryd y bu'r ymladd fel y buwyd yn credu gan mai tua 1500 y codwyd y bont gyntaf dros y Teifi yn Llechryd.

Nepell o Lechryd y mae Llwyndyrus un o gartrefi uchelwyr Glannau Teifi, ac ar dir y fferm hon y mae twmpath (tumulus) sydd wedi peri cryn benbleth i'r arbenigwyr. Crêd rhai nad twmpath cyffredin yw hwn gan mai ar y bryniau y ceid y rheini bron yn ddieithriad. Barn rhai mai hen lys oedd yma unwaith, a chysylltir Llwyndyrus â Llwyn Diarwya lle treuliodd Pwyll noson rôl hela yng Nglyn-Cuch.

'Os ewch chi i Gilgerran neu i Lanfyrnach, edrychwch ar eu hysgwyddau llydain nhw,' meddai cyfaill. 'Ma ganddyn nhw ysgwyddau lletach na'r cyffredin oherwydd eu bod nhw'n ddisgynyddion y Rhufeiniaid talog.' Ond ar ôl bod yno, alla i ddim cadarnhau na gwadu'r honiad. Fodd bynnag rwy'n siŵr o un peth, y mae Castell Cilgerran wedi ei osod ar y clogwyn mwyaf brenhinol a phwrpasol yn y wlad. Bu'r artistiaid Richard Wilson, Peter de Wint a Turner yma yn ceisio dal ei hud a'i osod ar gynfas. Perthyn i'r XIII ganrif y mae'r adfeilion (dau dŵr urddasol a rhannau o dŷ'r porth) a welwn heddiw er bod sôn am gastell hŷn yma – y castell pridd a choed, fwy na thebyg, a gododd Roger Montgomery yn y XI ganrif.

Llawddog yw sant yr Eglwys, a cheir maen ogam hŷn o lawer na'r adeiladau yn y fynwent. A dyma fedd 'Tressegussi,' Tringat,' a thybir mai hwn yw'r gŵr y ceir ei enw yn stori Culhwch ac Olwen!

Mae dyn yn siŵr o sylwi ar y tai yng Nghilgerran oherwydd fe godwyd y mwyafrif ohonyn nhw â cherrig o'r chwarel leol, ac y mae sôn, yn enwedig yng nghymoedd y De am grefft seiri coed a seiri maen Cilgerran.

Hyd 1822 yr oedd Cilgerran yn fwrdeistref, ac ar adeg ethol bwrdais neu borthfaer (Portreene) yr oedd yn rhaid i'r etholedig brofi ei deilyngdod i'r swydd drwy yfed llond corn o gwrw cryf Cymru ar un anadl, ac yr oedd y corn hwnnw'n dal peint a hanner. Diddymwyd yr hawliau a'r arferion hyn gan Ddeddf y Corfforaethau 1882.

Pont Llechryd

Tu draw i'r afon y mae plasty Coedmor. Dywedir bod gan y teulu a drigai yno yn yr hen amser rwyd bysgota a honno wedi ei lledu ar draws afon Teifi. Honnir hefyd bod llinyn o un pen y rhwyd wedi ei gysylltu â chloch yn y tŷ a honno'n canu pan fyddai digon o samwn yn y rhwyd i ysgwyd y llinyn.

Anodd cefnu ar Gilgerran heb gofio i'r lle hwn gael un o bregethwyr hynota'i ddydd yn Thomas John, gŵr difrifol a dramatig ei ddull a yrrai arswyd ar ei wrandawyr. Ac yma ym mhlas y Fforest y treuliodd Thomas Phaer ei ddyddiau olaf. Fe oedd meddyg y Frenhines Mari a chyfieithydd 'Aenid' Fersil i'r Saesneg.

Wrth ddynesu at Aberteifi, mae dyn yn gwynto'r heli mewn dim o dro. Mae yna hen forwyr a hen gapteniaid yn sefyllian ar y bont yn gwylio'r afon yn ei bwrw hi allan i gyfeiriad y Bae a chânt fodd i fyw ar hen atgofion a hen storïau. Mae yma deuluoedd a thylwythau â chyfenwau dieithr a thai ag enwau pellennig mordwyol. Ond y mae Aberteifi yn llawer mwy Seisnig a Saesneg na'r ardaloedd cylchynnol a cholli tir fu hanes y Gymraeg unwaith y daethom drwy Gastell Newy'.

Y farchnad ynghanol y dref yw'r ganolfan fwyaf Cymreig. Y mae un stondin yn gwerthu brethynnau a gwlanenni Cymreig a dynes fach arall o'r wlad yn gwerthu blawd ceirch i weithio sucan.

Ar y grisiau hyn y safai'r 'town crier' cyntaf a glywais i erioed, a phryd daw e nesaf a'i gloch a'i lên i glochdar ar ben yr hewl? Dyma hysbyseb anghyffredin ar wal y farchnad ac fe'i copiais bob gair.

APRIL 29

Dydd Sadwrn Barlys

Cardigan

Stallion show and Barley Saturday Parade

Under the patronage of the Mayor of Cardigan

Hunters Cobs and Ponies. Silver

Cups and Prizes

Castell Cilgerran

Yn araf bach y bydd hen arferion yn marw, a bu dangos y meirch ar ddechrau tymor yn ddiwrnod o bwys ar almanaciau'r wlad. Erbyn diwedd Ebrill hefyd byddai'r ffermwyr wedi hau eu barlys, ac yr oedd yn werth rhoi diwrnod i'r brenin bob blwyddyn ar ôl claddu'r barlys.

'Hunters, Cobs and Ponies' sydd yn yr arddangosfa erbyn hyn; fe gollodd y ceffylau gwedd eu defnyddioldeb a'u lle ers llawer tymor ac y mae'n ddigon anodd fel y mae hi i gael rhai i weithio ar y tir. Mae canolfan y rocedi rhyfel yn Aberporth, tra pery'r lle ar agor ta beth, yn llawer mwy atyniadol na cherdded tir coch a bwydo anifeiliaid. Y tro cyntaf y clywais i sôn am Aberteifi oedd y tro hwnnw pan gipiwyd dwy hwyaden o'n tŷ ni i ffwrdd gyda'r lli. 'Fe fyddan yn Aberteifi cyn nos,' meddai'r mwyaf gwangalon ohonom wrth ymgysuro, a bob tro y gwela i'r elyrch yn nofio o dan y bont fe gofiaf yn syth am ein dwy hwyaden ni a ddaeth i Aberteifi gyda'r lli a chyrraedd cyn iddi nosi yn ôl rhifyddeg fy mam.

I Aberteifi yr anfonwyd am hers i gladdu 'mochyn du' y faled boblogaidd, a dywedir mai John Owen a oedd yn was fferm yn Felinwrdan, Eglwyswrw ar y pryd a gyfansoddodd y faled ac yn ddiweddarach yr oedd arno gywilydd i'w harddel ac yntau erbyn hynny wedi troi ei wyneb tua'r weinidogaeth Bresbyteraidd. Yn ôl un stori fe ddywedir iddo wrth ddyfod o'r orsaf i'r dref, ar ei ffordd i'r Sasiwn yng Nghaerfyrddin, weld baledwr yn gwerthu 'Cân y Mochyn Du' ar y bont, ac iddo fynd ato a phrynu'r bwndel i gyd er mwyn eu gwaredu.

Yn ei thro, fe fu Aberteifi yn ganolfan Tywysogion Cymreig, y Normaniaid, y Fflyminiaid ac yn fwrdeistref Seisnig y mae sôn iddi dderbyn siarter gan nifer o frenhinoedd Lloegr. Digon caled fu hi'n aml ar yr ymsefydlwyr yn Aberteifi i ddal eu tir a dyma ddyfyniad cwta o siarter Richard II, 'the burgesses are not to be tried or convicted by any but English burgesses and true Englishmen because of all they had suffered by the malice of the Welsh.' Gwrthryfelai'r Cymry'n eithaf cyson a cheir sôn am un fuddugoliaeth Gymreig pan garcharwyd y Normaniaid gan wragedd y dref.

Ym 1177, cynhaliodd yr Arglwydd Rhys ei 'Eisteddfod' enwog yn Aberteifi a chredir i feirdd y North guro'r Sowth ond mai cantorion y De a gipiodd y llawryfon yn yr adran gerdd.

Dim ond darn bach o'r hen Gastell a saif. Bu'n amddiffynfa tan y Rhyfel Cartref. Yn 1644 fe'i cipiwyd gan General Laugharne ac un o'r carcharorion oedd Jeremy Taylor y diwinydd. Yr oedd hefyd Briordy Benedictaidd lle saif yr ysbyty leol heddiw.

Bu adeg pan oedd porthladd Aberteifi yn bwysicach porthladd nag un Caerdydd. Allforid mwyn plwm o Ogledd Penfro a mewnforid miloedd o dunelli o galch bob blwyddyn i ffermydd Ceredigion (fe gofiwn o hyd faled Sarnicol i Sianci'r Gwas). Hyd 1830 yr oedd 291 o longau wedi eu cofrestru yn Aberteifi ond daeth tywod i enau'r afon i atal cynnydd.

'Môr môr i mi ...'

Nesu at y môr – ger Llandudoch

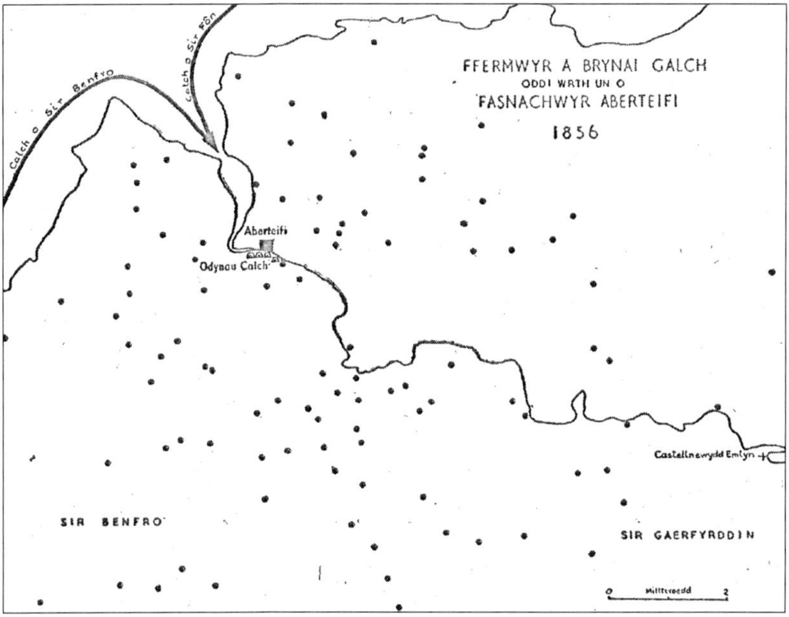

Y Fasnach Galch

Tuedd naturiol priddoedd sir Aberteifi, o herwydd yr hinsawdd wleb a chymaint o fawnogydd sydd yn y sir, yw bod yn sur ac am hynny yn anffrwythlon; y mae angen parhaus am galch arnynt i'w tymheru. Pan ddaeth gwelliant ar ddulliau ffermio tua chanol y ddeunawfed ganrif, deallodd y ffermwyr mor fanteisiol oedd calchu tir. Nid oes calch i'w gael yn nes na sir Gaerfyrddin a sir Benfro, a rhaid felly ei ddwyn o'r lleoedd hynny. Yr oedd taith i Landybïe i'w gyrchu mewn certi yn eithaf hawdd i'r ffermwyr o odre'r sir; cawn hanes am daith i ymofyn calch o'r ardal honno gan Sarnicol yn 'Siaci'r Gwas'. Yn yr haf y gwneid y siwrneiau hyn, pan fyddai'r ffyrdd yn sych a'r dydd yn hir. Byddai'n rhatach cludo calch dros y môr i leoedd eraill yn y sir; felly y deuai'r rhan fwyaf ohono, mewn gwirionedd – a dyna sy'n cyfrif am y nifer mawr o odynau calch sydd ar lan y môr yn y sir. Yn ardal Aberteifi ac Aberystwyth byddai masnachwyr yn paratoi'r calch ac yn ei werthu i ffermwyr dros ranbarth eang. Mewn lleoedd eraill llosgid y cerrig calch gan ffermwyr eu hunan, a thalent am y glo ac am ddefnyddio'r odyn.

Ffarweliwn â'r Teifi yn Llandudoch. Yma nid oes modd osgoi hynfiaeth. Glaniodd y Daniaid yn yr ardal yma ym 987, ac anrheithio'r pentref a'r eglwys. Gwelir olion yr abaty a fu'n perthyn i'r Brodyr Duon yn ymyl yr eglwys.

Ceir yma nifer o bysgotwyr medrus, a'u camp hwy gyda'u rhwydi Normanaidd yw cadw'r eogiaid rhag dianc o enau Teifi i dalaith y cwrwgl yn Llechryd a Chenarth. Rhai glew am 'dynnu'r sân' yw bechgyn Llandudoch. Netpwl yw eu paradwys.

Trown ar y dde ynghanol pentref Llandudoch ac ymlaen â ni ar hyd y ffordd a rydd olwg inni ar Aberteifi a'r Gwbert, yr ochr draw. Deuwn cyn hir i draeth poblogaidd y Poppit ar lan yr afon ac ar lan y môr. Dododd yr etholedigion hafdai ymhlith yr eithin a'r rhedyn uwchlaw'r tywod. Lle braf oedd hwn cyn i'r ymwelwyr ei wneud fel unrhyw faes carafanau ar fin y môr – yn llawn clebrach a synau dierth.

Yn hytrach na gadael y Teifi gyda 'Saeson hinon ha' Poppit dyfynnaf gywydd y Parch Roger Jones i Landudoch, a'r cynganeddwr praff a gaiff y gair olaf ar fin yr aber.

Traeth Poppit – Yr Aber a Phen y Daith

Llandudoch fwyn ddiochain,
Ei ddifyr gerdd a'i fro gain,
Tirionaf bentre annwyl
Lle mae symledd, hedd a hwyl;
Hudol iawn ei afon dlos
Ariannaid ar ddechreunos,
Afon hael yw'n Teifi ni,
Pysgod sydd ynddi'n pesgi.
Yn hon y llam y samon
A cher y tir chwery ton.

Mwynder sydd cael mynd i'r sân'
Awr annwyl gwŷr o arian,
Yn y bae yn wyn eu byd
Ar argoel cael 'bwrw ergyd';
Daw hanner siâr i'r gariwr
Nes y dysg prentis y dŵr
Roi hoffter yn ei grefftwaith
Wedi dwyn y bad i'w daith.

Symud i ddŵr 'Pwll Sarna',
Llawer eog diog da,
Rhai mawrion mawr eu miri
Ddaeth i'r lan o'i ddiethr li.

Ni elli gael unlle gwell –
Lle cystal â 'Phwll Castell'
Denwyd sawl eog dinam
Tew o'r môr i bantri mam;
Ar geinder, bras ein bro
Unfryd yw gwerin Penfro.

Diolchiadau

I Amgueddfa Sain Ffagan am ganiatâd i gyhoeddi'r gyfrol hon ac yn arbennig am gymorth Meinwen R. Jones.

I Terence a Beti Williams am f'annog i gyhoeddi'r gwaith ac am fwrw golwg barcud dros y proflenni.

I Lyn Ebenezer am bob cymorth a chyngor.

I Jeremy Segrott am fod mor barod â'i gamera i ychwanegu at y lluniau gwreiddiol.

Ac yn olaf ond nid y lleiaf, i Myrddin ap Dafydd a Gwasg Carreg Gwalch am eu gofal yn dwyn y gyfrol i olau dydd.

Diolch calon iddynt un ac oll.

Eleri Rogers

Llyfryddiaeth

Nid yw'n bosibl gwneud cyfiawnder â Dyffryn Teifi mewn tua 15,000 o eiriau. Fel canlyniad fe fu'n rhaid gwrthod a dethol y defnyddiau yn gyson ar hyd y daith. Oherwydd hynny yn arbennig y cynhwysir yr atodiad hwn a'i lyfryddiaeth heb honni ei fod yn gyflawn o bell ffordd. Oni chafodd pob plwy a chymuned ei hanesydd a hynny ymhob cyfnod ac eithrio ein cyfnod ni efallai.

Amaethyddiaeth a Thiroedd

T. N. George: Development of Towy and Upper Usk Drainage Pattern, Quarterly Journal of Geological Society, 98, 1942, tud. 89-137

Meurig Jones: Development of Teifi drainage system, Thesis M.Sc. (Cymru) 1946

Bywgraffyddol a Hanes Teuluoedd

Alun R. Edwards: Enwogion Dyffryn Teifi, Cylchgrawn Cymdeithas Ceredigion, Llundain, 10, 1954–5, tud. 32-9

Disgrifiadol a Theithiol

Anon: Yn Nyffryn Teifi, Cymru 6, 1984, tud. 37-9

Defynnog: Dyffryn Teifi, Cymru'r Plant, 1928, tud. 131-4

D.E.: Teifi Lakes, Ymofynnydd, 1929, t. 189-93

Janet Evans: Afon Teifi, Cylchgrawn Cymdeithas Ceredigion, Llundain, 6, 1950–1 tud. 20-2

D. Stanley Jones, Dyffryn Teifi, Y Genhinen, 17, 1899 tud. 6-19, 124-9, 203-8, 225-30; 18, 1900 tud. 35-51, 132-9

Teifiside R. D. C. Teifiside: official guide. London, Morgan, Land & Co., 1939, 48thd

J. Thomas: Cyfrinion Afon Teifi, Teifi Cymru 15, 1989, tud. 161-4

Daearyddol

A. Allen: Seismic refraction investigations of the preglacial valley of the River Teifi near Ceredigion, Geological Magazine 97, 1960, tud. 276-82

J. Challinor: Further note on the age of the rocks around the Teifi estuary, Geological Magazine 64, 1927, tud. 322-4

M. P. Latter: Note on the age of rocks around the Teifi Estuary, Geological Magazine 61, 1925, tud. 223

H. A. H. Macdonald: Some erratics from Teifi estuary, western Cardiganshire, Geological Magazine 98, 1961, tud. 81-4

Hanes a Henebau

Syr John Lynn-Thomas: Key of all Wales in South-west Cardiganshire, Cardiff Western Mail and Echo 1932

Syr John Lynn-Thomas: Key of all Wales in South west Cardiganshire. Surprising relics of prehistory on the old Estuary – River Teifi, Cardiff Western Mail and Echo 1932

Syr John Lynn-Thomas: Phoenician harbour with 3 landing stages on estuary of River Teifi, Wales 1000–1500 B.C., Llandysul, Lewis 1936, 12 tud.

Olion Archaeolegol:

E. T. Green: Teifiside antiquities. Transactions of Cardiganshire Antiquarian Society, Rhan 3, 1913–14, tud. 36; Rhan 4 1913–14, tud. 49-57

T.C.A.S. 2 1915, tud. 55-8

Iron-work in the Teifi Valley, Cymmrodor 40, 1929, tud. 118-134

Iorwerth C. Peate: Some Teifiside holed stones, Archaeologia Cambrensis, 1925, tud. 205-6

Transactions Cardiganshire Antiquarian Society, tud. 79-80

(Nodyn ar offer cerrig ddarganfuwyd yn ne Ceredigion.)

Diwydiannau a Chrefftau (Gweithiau Mwyn)

J. H. Sandham Griffith ac Angus Jones: River Teifi: report ... on possible origin of pollution from the lead mines of Cardiganshire, Cardigan, 1917, 10 tud.
Walter Hughes Jones (Llaeth): Review of the progress of Tivyside Creameries Ltd., for period 1932–39, *Cambrian News*, 1940, tud. 8
Margaret E. Hughes (Gwlân): Woollen industry of the Teifi Valley, Athro 2, 1952–3, tud. 47-9

Iaith a Llên

Leslie Harries: *Tannau Teifi*, Gwasg Gomer, 1943
Garfield Hughes: Halsingau Dyffryn Teifi, Eurgrawn, 1941, tud. 58-63, 89-91, 126-
David Stanley Jones; Myfyrion ar fin afonydd Caernarfon: W. Gwenlyn Evans, 1904

Hanes Natur

T. C. James a R. D. Laurie: River Teifi M.A.F. Standing Committee on River Pollution Series, No. 485

Enwadaeth (Bedyddwyr)

R. T. Jenkins: Cwrdd Cwarter Bedyddwyr glannau Teifi, Trafodion Cymdeithas Hanes y Bedyddwyr, 1942, tud. 4-32
T. R. Morgan: Trem ar Fedyddwyr parthau uchaf glannau Teifi, Seren Gomer, 1914, tud. 18-20, 94-7, 145-9, 185-8, 262-5, 315-7, 333-7; 1915, tud. 36-41, 153-7

Hanes Cymdeithasol

Tivyside hunt, Cardigan – Tivyside 24.1.58
Emrys Jones: Evolution of settlement in Teifi valley (Thesis M.Sc. Cymru, 1945)

Pysgota

F. Gallichan: *Fishing in Wales*, London: Robinson 1903, tud. 191-3
M. J. Morgan: *Yng Nghysgod Dai*, Cyhoeddiadau Modern, 1967
M. J. Morgan: *Moc yr Heliwr*, Cyhoeddiadau Modern, 1967
Ieuan D. Owen: *Trout Fisherman's Saga*, London Putnam, 1959, tud. 89 (Dai Lewis of the Teifi)

Yr Afon

Anon: Notes and comments (on Teifi bychan prohibiting coracles), Welsh Nationalist, July 1932, tud. 4-5
G. D. Gwynne: *Helynt cwryglwyr afon Teifi*, Draig Goch, Mai 1932, tud. 4
M. Wright: *The little boats of wood and skin*, Country Quest 1-2, 1960, tud. 12-15. Describes manufacture of Teifi coracles.

Amrywiaethol

T. I. Ellis: *Crwydro Sir Aberteifi*, Llyfrau'r Dryw
Aneurin Talfan Davies: *Crwydro Sir Gaerfyrddin*, Llyfrau'r Dryw
E. Llwyd Williams: *Crwydro Sir Benfro*, Llyfrau'r Dryw